みんなの「無印良品」日記

人気アイテムでつくる、心地よい衣食住のアイデア。

SE
SHOEISHA

■お問い合わせ

本書に関するご質問、正誤表については、下記のWebサイトをご参照ください。

正誤表
http://www.shoeisha.co.jp/book/errata/
お問い合わせ
http://www.shoeisha.co.jp/book/qa/

インターネットをご利用でない場合は、FAXまたは郵便にて、下記までお問い合わせください。
電話でのご質問はお受けしておりません。

〒160-0006 東京都新宿区舟町5
FAX番号 03-5362-3818
宛先
（株）翔泳社 愛読者サービスセンター

※本書に記載された情報は、各著者のInstagam、ブログ掲載時点のものです。情報、URL等は予告なく変更される場合があります。
※本書の出版にあたっては正確な記述につとめましたが、著者や出版社などのいずれも、本書の内容に対してなんらかの保証をするものではなく、内容に基づくいかなる運用結果に関してもいっさいの責任を負いません。
※本書に掲載されている画面イメージなどは、特定の設定に基づいた環境にて再現される一例です。
※本書に記載されている会社名、商品名はそれぞれ各社の商標および登録商標です。

はじめに

シンプルなのに親しみやすく、性別や年齢を問わないデザイン。さまざまな部屋、インテリアにもなじんで、長く使えるアイテム。暮らしにぴったりフィットした無印良品は、衣食住の幅広いシーンで活躍してくれます。

モジュールを統一し、細かい部分まで機能的に作られた収納用品に、見えるところに置きたくなる日用品。家事のひと手間を楽にしてくれる調理器具や、安心しておいしく食べられる食品、そして着心地のいい衣類。毎日の生活を支えるだけでなく、心地よい暮らしをかなえてくれるものばかりです。

部屋を片付ける楽しさを知って、すっきりした暮らしを実現したり、毎日の煩わしい家事を効率化したり、お子さんとの楽しい生活に役立てたり。この本に登場するのは、それぞれの暮らしのなかで無印良品を愛用している人気ブロガーさん＆インスタグラマーさん29人。その人ならではのおすすめアイテムと活用方法、暮らしの工夫を伺いました。

ますます無印良品が好きになる、暮らしのアイデアが詰まった本です。

Contents

みんなの「無印良品」日記

目次

やまぐちせいこさん

01

Seiko Yamaguchi

ミニマルな暮らしにもなじむところが大きな個性です。

ミニマリスト。大分県在住、40代の主婦です。家族1人1人が自立を目指して暮らせる収納を目指しています。無印良品との出会いは、20代の頃。広島の店舗に友人に連れられて、素敵さに感動。パンフレットを持ち帰り、自宅のインテリアの参考にしました。

家族構成
夫、自分、息子15歳、娘13歳

住まい
3LDK

▶無印良品の好きなところ
時代に流されない普遍的なところ。飛び抜けた個性はないかもしれないけれど、カメレオンのようにどのインテリアにもなじむところが、無印良品さんのほかとは違う大きな個性で好きです。地方都市でも気軽に手に取り、買うことができる身近さもいいですね。

▶これから欲しいもの
アウトドア用品は無印良品さん出していませんので、ぜひ！お願いします!! 折り畳みのチェアとテーブル。よろしくお願いします!!!!!

➡「少ない物ですっきり暮らす」
http://yamasan0521.hatenablog.com/

▶ 2016年 09月 21日

引っ越し後もお世話になります

何か必要なものは、とりあえず無印良品。引っ越しをして以前の家から持ってきたものを使っていたのですが、処分したものもあれば、新しく買ったものもあります。洗面・脱衣所の棚のかご、以前はブリ材のものを使っていたのですが「ポリエステル綿麻ソフトボックス」へ変えました。

洗面台横の収納用品もポリプロピレンストッカーへ変更。コロコロが下に付いているので動かしやすいです。引っ越してすぐの頃は、ポリプロピレン収納ケースを床に置いていました。毎日収納ケースを動かして掃除をするのは負担なので、動かす手間がなくなってよかったです。

着用した衣類や使用したタオルなどは、以前と変わらず無印良品の「ステンレスワイヤーバスケット」で白物・柄物と分けています。引っ越しをしても、相変わらず気が付けば無印良品。いつも頼りになります。

ポリプロピレンストッカー4段・キャスター付

2017年 04月 10日

お洗濯と片付けを共有化

お洗濯を家族が助けてくれると、とってもうれしい！　台所の家事を家族と共有化したのに続き、お洗濯の共有化。楽に「洗濯→片付け」の一連の作業がかんたんに、スムーズに進むように考えました。今現在の脱衣所の様子です1。

洗濯をお願いすると、大体最初に子どもが言うのですが「使い方がわからない」。洗濯機の使い方を「洗濯」「乾燥」、それぞれかんたんにレクチャーしたものをテプラで洗濯機に貼りました。脱衣かごにも何を入れるかラベリング2。

子どもや男性に家事を任せるのなら、手間は省きましょう。計量カップで量を量って入れる作業もひと手間ですよね。箱からひとつまみ出して、洗濯機に入れるだけ。最近の衣類用洗剤はボール型が発売されています。単価は液体と粉末に比べると高値ですが、手間を省く、家族に協力してもらうメリットを考えると安いでしょう。

18-8ステンレスワイヤーバスケット、ポリプロピレンストッカー4段・キャスター付

2017年 05月 24日

わかるクローゼット収納

クローゼット・押入れの収納は定期的に見直します。ここ5年間ほど定期的に全部出し、今回は「わかる！　クローゼット」へとたどり着きました。

洋服の収納。本来はハンガーに掛けるより、畳むほうが収納力は3倍だそうです。私は服の量が少ないので、畳む必要性がなくなってきました。それならば……と、収納方法を見直し、やり方を変えてみました。

今現在の大人の衣類の入ったクローゼット1。夫と私の衣類全部です。左半分が夫、右半分が私。私の洋服は11着（寝巻きを含めると13着）。２０１４～２０１５年の頭までは、衣類ケースが24ケースでした。この頃は畳んで収納。よく着る服のみ出していました。２０１５年度全体は8ケース。半分まで減りました。今と決定的に違うのは、物量。そして、中身が「わかる・わからない」の違いです。

ラベリングという手もあるのですが、大分類として「冬物」などはわかる。しかし、細かな「オレンジ色のヒートテック」「ジャージ」が、どの引き出しにあるのか、がわかりません。

服が大幅に減ったので、ステンレスのワイヤーバスケットへ変更2。これですと、中身の細やかな部分まで把握できます。私が出さずとも、夫が自分で出せるようになりました。

18-8ステンレスワイヤーバスケット、ポリプロピレン洗濯用ハンガー・シャツ用

▶ 2017年 06月 07日

ワンアクション収納を追求

扉の開けっぱなし、道具の使いっぱなし……は、困ります。使ったものを元に戻す。シンプルなことですが、特に家族の収納のテーマでしょう。引っ越しして、数カ月はダイニングの作り付けの収納棚に扉を付けていましたが、扉・引き出しは開けっぱなし、モノ・かごは出しっぱなし。

そもそも論ですが、扉を閉めることすら面倒だと感じるのに、そこからさらにモノを定位置に戻す作業は、もっとハードルが上がるのだということに気が付きました。そして扉を撤去。しかし扉を除いた状態でも、オープン収納でかごでは解決になりません。

オープン収納＝ワンアクション（1回の動作でモノが取れる）というわけではなく。目指したいのは、1回の動きで「取る」「戻す」が完了すること。

次に行ったのは、①中身がわかる、②戻す場所がわかる、③限りなく1回の動きでモノが出し入れできる、の3点を徹底。

モノとかご収納を極限まで減らし、家族全体の使用頻度の高いものだけを置きました。結果、扉の開けっぱなし、かごの出しっぱなし、モノの出しっぱなしが解消されました。そして、定位置管理に徹底的なラベリングは必須ですね。自分の家だとわかるように目印を付けることです。

18-8ステンレスワイヤーバスケット

▶ 2017年 09月 04日

優秀なペンホルダー

毎日使う道具ほど、快適に使えると気持ちいいです。

無印良品さんのステンレスのペンホルダー。いつもお店で横目に見ながら「これって色々なことに使えそう」とチェックしていました。しかしながら自分の暮らしにフィットしないものは基本手を出さないので、「何かに使えそう……」止まりでした。

普段の生活のなかで、化粧道具をポーチに収納することをやめました。道具は基本家に置いています。長時間の外出のみ、巾着へ入れて持って出ます。化粧道具・スキンケア用品を家族共有で使うことが多くなり、道具自体はダイニングスペースに共有物として置いています。

あまりお化粧が得意ではないので、お化粧に関しては毛穴がある程度隠れていればいいかな……ほどの温度感です。毎朝のことなのですが、化粧ポーチの中のモノをゴソゴソと探す手間がなんとかならないかな？と思い、化粧ポーチを止め、以前から狙っていた無印良品さんのペンホルダーを導入したところ、眉墨や眉毛切りのハサミ、カミソリなどの収納がしやすくなりました。ステンレスでさびにくく、色々な場所で使えます。

ステンレスペンホルダー

洗面所がお気に入りの空間に

昨年度から続く洗面所のDIY。

10月の上旬に、試験の合間を縫って完成しました。無垢の杉の床板を張って、ワックスをしっかり塗りました。

あと、使い勝手に少し問題があった鏡を変更して、完成となりました！ 暗かった洗面所、入居当初に比べると大きく変わりました。明るくなりました！

鏡も交換しました。ニトリさんで展示販売品がありましたので、そちらを購入。やっと洗面所周りが暮らしにフィットした！

正直、水回りは汚れやすいエリアです。こまめにきれいにしても、入居前からの落ちない汚れ……など。掃除をするモチベーションが下がることもあり、でも汚れは何とかしたいな……という気持ちの戦いでした。

ひとつひとつ手をかけるたびに空間がよくなっていき、今では洗面所を見ると、ついついタオル片手に掃除してしまいます。お気に入りの場所である！ というモチベーションは大切です。

ポリプロピレンストッカー4段・キャスター付、18-8ステンレスワイヤーバスケット

乾いた洗濯物は畳まず、分ける

片付けの基本は「分ける」です。家事も分けると楽になります。

忙しい日は忙しいモードと切り替えて、写真のように洗濯したタオルも畳まずポーン！ な日もあります。家族に頼むときは、家族に余裕があるときであれば「タオル半分に畳んでね」とお願いしますが、家族自身も忙しければ、「とりあえず、タオルだけ分けて、タオル入れに畳まず入れてくれたらいいよ」とお願いします。

洗濯物で困る状態は、①洗っていない状態、②乾いていない状態、③乾いたものがゴチャ混ぜの状態です。我が家では、オンシーズンの衣類で畳むことが必要なものは下着と靴下、タオルぐらいです。最低限①～③の状態に分かれていれば何の問題はなく。あとは美観の問題です。

衣類は主に掛ける収納ですので畳みません。それ以外に関しては、忙しいときは、洗濯乾燥機を使います。乾燥後の洗濯物は、洗濯機隣のスペースにて、それぞれ畳まずポイポイ分けるのみです。

18-8ステンレスワイヤーバスケット、ポリプロピレンストッカー4段・キャスター付

長野県在住の30代。パート（不定期）。どこに何があるかが誰にでもわかるように、使いたい場所に使うものを置く。私だけでなく家族みんなが使いやすく、暮らしやすい家を目指しています。中学のとき、都会から（笑）転校してきた子の持ち物が全部無印良品で、まだ子どもっぽいキャラクター物を使っていた私にはすごく衝撃的で、すぐ無印良品に行って文房具を買いました。それ以来文房具はもちろん、身の回りのものも無印良品でそろえる機会が増えました。

Meguさん 02

Megu

「あったらいいな」が必ず見付かる。

家族構成

夫・自分・長女6歳・次女4歳・もも（猫）♀7歳

住まい

築1年の一戸建て（2016年11月に引っ越し）

▶ 無印良品の好きなところ

定番から新商品まで、いつ行っても「欲しい！」と思えるものがある。「ここに、こういう収納グッズがあったらいいな」と思うものが必ず見付かり、買い足したいときもネットなどで注文できるところ。

▶ これから欲しいもの

学習机用にデスクの購入を検討しています。

Instagram user name

「meguri4」

https://www.instagram.com/meguri4/

▶ 2015年 08月 08日

子ども服収納にちょうどいい

キッチンとリビングの間仕切りにもなっている収納。もはや、古道具の域。もちろん建築当初のまま。木の引き戸は歪みなどで開くのにひと苦労だったので、何年か前に思いきってカーテンに。

無印良品のポリプロピレンケースが子ども服をしまうのにちょうどいいので、積み重ねて使っています。レギンスや肌着などは引き出しが2個に分かれているタイプに。テプラでラベリングしてわかりやすく。この中身スケスケなのをなんとかしたい。が、なかなか重い腰が上がらず……。

ポリプロピレンケース・引出式

▶ 2015年 12月 11日

2人分の薬を入れて

隔週のペースで何かしらの病を持ち帰る子ども達……。病院の薬が切れることがないくらい。

今までお薬は冷蔵庫に袋ごと貼ったり、かごに入れてみたり、決まった場所がなかったので、

無印良品のふた付きのポリプロピレン綿棒ケースに収納して、見えるところに置くことに。

中に仕切りがあるので、姉妹分収納できて便利。冷蔵庫の中にも座薬入れとして買い足す予定。

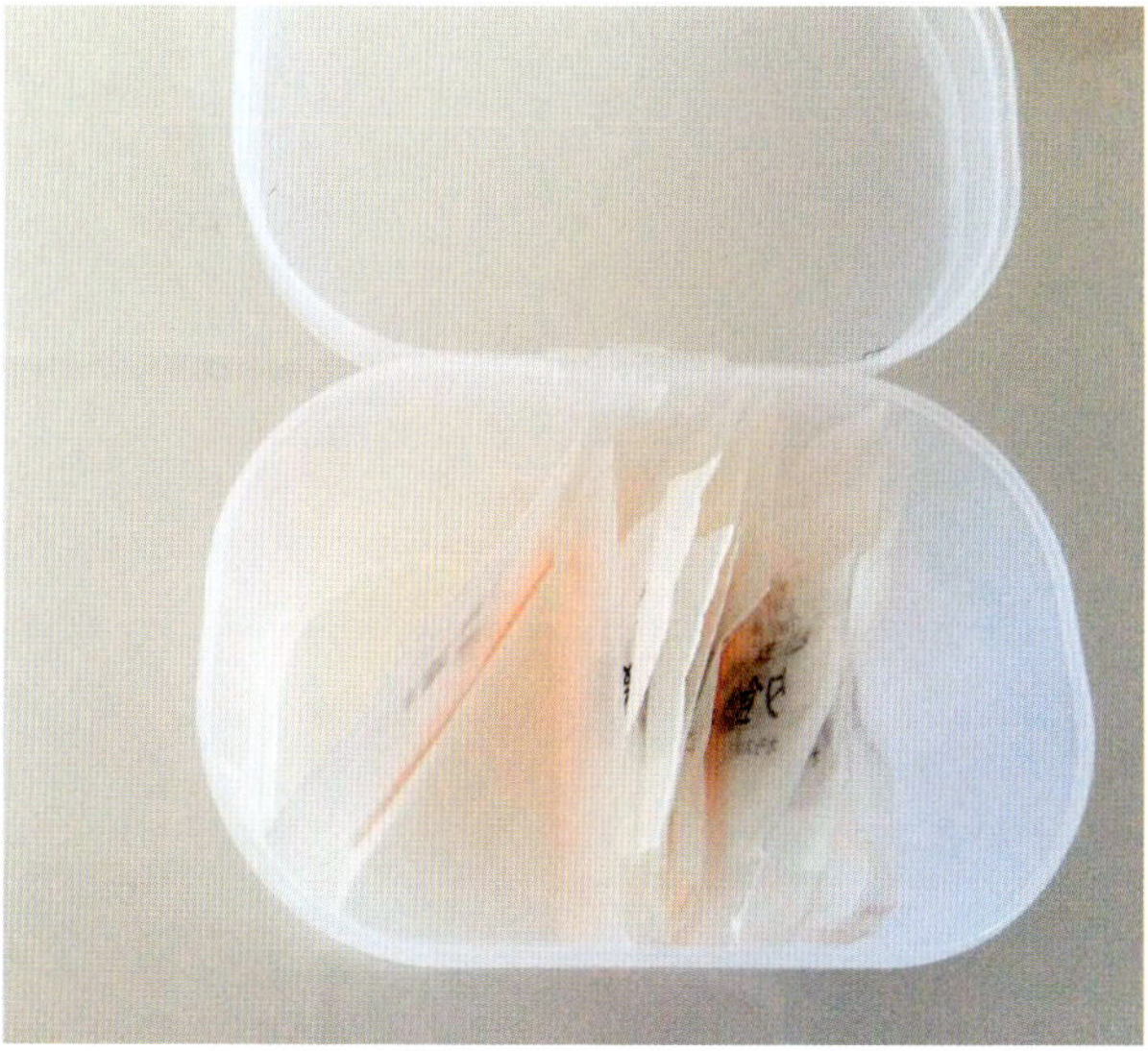

ポリプロピレン綿棒ケース・蓋付

▶ 2016年 08月 26日

スタッキングシェルフですっきり収納

キッズスペース☆
また次に来る引っ越し。断捨離したいけど、自分のものはサクサク捨てられるのに子どものものは躊躇してしまい、なかなか減りません。
お昼寝の間に片付けがんばろう!!

スタッキングシェルフ、スタッキングチェスト、ポリエステル綿麻混・ソフトボックス　など

2016年 09月 23日

お気に入りのティッシュケースを買い足し

ずっと販売再開を待ってたアクリルティッシュケースをひとつ買い足しました。写真のものは以前から愛用しているもの。

　インスタグラムで教えてもらって以来、ティッシュではなく排水口ネットを入れています。30枚、毎日替えて1カ月分がちょうど入るし、カッサカサの私の指でも1枚ずつサッと取れるのが◎。

　混むのを見越して朝イチで行ったのに、レジ待ち。子どもがおりこうにしてくれて、ほんと助かった☆

アクリル卓上用ティシューボックス

2013年 11月 29日

我が家の殿堂入りの飲み物

毎日もっぱらコーヒーがぶ飲みの私ですが、冬は起きて朝家事を始める前に温かくてちょっと甘い飲み物が飲みたくなります♡
　もうずっとリピしている無印良品のほうじ茶ラテは私の殿堂入りです。
　スーパーで広島産のレモンを見付けたので、はちみつとりんご酢入りのレモンシロップを作りました！　部屋中レモンのいい香り～♡
　でき上がったらレモネードやレモンティーにしたり、「お風呂上がりは炭酸！」のパパにはしょうがも入れてジンジャエールにしたりして飲んでもらいます。クエン酸で疲労回復&風邪撃退を期待して。

好みの濃さで味わう　ほうじ茶ラテ

2017年 02月 07日

コロコロの取りやすい場所は……

地味な写真ですみません。ソファ横にコンセントがあり、今までは壁にソファをくっつけて隙間から充電コードを出して、スマホなどを充電していました。充電中はスマホをソファに置いておくので、子どもが暴れて落ちることも。

そこで考えて……ふたを閉めてもコードが出るボックスに入れたら、ちょうどよく収まりました♡　充電中はふたの上にスマホを置いておけるので便利!!

そして猫がいるので強力なコロコロが必須な我が家。ケース付きのコロコロは、取りやすいこの場所に。同じグレーなのでなじんでいい感じだなと自己満足です。

掃除用品システム・カーペットクリーナー

2017年 02月 19日

リビング収納はケースを統一して

ここは階段下の機械室。雪の多い地方にある我が家は、24時間運転のパネルヒーターを採用したので家の中は常に温かいのですが、階段下はパネルヒーターの機械のために空けておかねばなりません。ほかに収納スペースを取ると窓が減ってリビングが暗くなるし……でも収納がないと困る！　と思いきってここをリビングクローゼットにしました。

断熱材がむき出しだし、機械モロ見えだし、クローゼットじゃなくて完全に倉庫ですが。家族しか使わない部分なので我慢。

上段はプリンターやアイロングッズ、中段は文房具やこまごましたパーツ、お掃除グッズやストック類、下段はおたよりや家計簿グッズや書類などの紙物全般を。ゴミ箱も置いてリサイクル品を入れています。マキタの充電もこちらで。

無印良品のポリプロピレンケースやファイルボックスで統一して、見た目だけでもすっきりさせて。

ポリプロピレンファイルボックス・スタンダードタイプ、ポリプロピレンケース・引出式　など

2017年 07月27日

お気に入りの食器棚収納

最近サボり気味だった食器棚の中の拭き上げを午前中にやりました。中身を全部出して拭いて、しまう。かんたんだけど後回しになりがちなので、なるべく定期的に。月末にやるようにしています。

使わない理由はほかの食器でこと足りているからなのか、取り出しにくいからなのか。ほかの食器で代用できるものは思いきって断捨離。取り出しにくい場合は収納方法を見直します。マグカップやグラス、小さい器やコースター、充電器は引き出しへ。

持たない暮らしに憧れるけれど、今のところ我が家にはこれが適正量かなと思っています♡

オーク材キャビネット大・木製扉

2017年 08月 15日

頼もしい頑丈ボックスは動かしやすくして

朝から工作に勤しむ娘達を横目に私は玄関の片付け。最近サイズアウトが著しい長女の靴を整理したら空きスペースも出たので、後日収納見直そうかなと思います。

無印良品の「ポリプロピレン頑丈収納ボックス・特大」を今まで収納家具の下に置いていたのですが、掃除機がけのときに動かすのが面倒だなと思っていました。なので「三和土に置こう！」となったのですが、これまた三和土の掃除のとき面倒に。思い付きでキャスター付きの収納台を買ってきて置いてみたら、シンデレラフィット♡ ほんとにぴったりで夫と大盛り上がり。

中身は工具やら外遊びグッズやらでかなり重いですが、キャスター付きなので楽チンに動かせます♡

ポリプロピレン頑丈収納ボックス

▶ 2017年 09月 07日

ソファとイブルでまったりスペース

朝は土砂降りだったので、今日はいつもより15分早く家を出て送っていったのに、着いたのはいつもより遅い。なぜ雨ってだけで大渋滞なのか？ 車がないと不便すぎる田舎あるあるなのかなぁ？

そろそろ秋らしくインテリアも変えていきたいところ……。

どんな風にしようかな？ と考えつつ、まずはキルティングマット「イブル」をやーっと買いました♡ ほんとにみなさんが言うように薄いのにやわらかくて、気持ちいい！

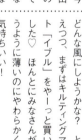

無印良品の「体にフィットするソファ」と組み合わせて、娘達のゴロゴロスペースに。

体にフィットするソファ

▶ 2017年 09月 12日

サニタリースペースをすっきり収納

洗濯機回りの収納をちょこっと見直し。洗濯ネットはファイルボックスのハーフに、スチール仕切板で仕切ってサイズで分けて収納しています。ウタマロ石けんもこちらに1。

今まで洗剤ボトルなどは、洗濯機横のポリプロピレンストッカーに収納していましたが、タオルを置いていた可動棚へ2。棚に置いているタオルは大人用で、子ども用は下段に下ろしました。子どものお風呂のテンションアップのためには、我が家はキャラものタオルが必須。お風呂前に自分で用意してもらえるように、手の届くストッカーの下段に収納しました。

ポリプロピレンストッカーキャスター付、ポリプロピレンファイルボックス・スタンダードタイプ・1／2、ポリプロピレンケース・引出式、スチール仕切板　など

Miyokoさん 03

Miyoko

シンプルさに ひかれて。

広島県在住、30代の専業主婦です。コンパクトなマンションでも、すっきりと広く見えるよう家具の高さを低くしたり、家具の材質やカラーを統一しています。収納面では、家族みんなが取り出しやすく戻しやすい、シンプルでわかりやすい収納を心掛けています。子ども達の成長に合わせて、持ち物の管理や身支度を自分でスムーズにできる収納システムになるよう見直しています。

家族構成

夫、自分、長女7歳、長男5歳

住まい

築8年の3LDK分譲マンション

▶ 無印良品の好きなところ

シンプルで飽きのこないデザイン。中学生の頃、半透明でシンプルなデザインのカラーペンを全色そろえていました。安くてシンプルデザインの文具を通して、無印良品のシンプルさにひかれていきました。

▶ これから欲しいもの

電動鉛筆削り、鍋やフライパンに傷がつかないお玉とターナー。

Instagram user name

「mk.1010」

https://www.instagram.com/mk.1010/

▶ 2016年 12月 14日

シンプルなフレグランスアイテム

無印良品のリードディフューザーが、香りも容器も理想のものです♡

リビング、玄関、トイレに……柑橘系で香りをそろえています。

インテリアフレグランスセット

2017年 02月 21日

いざというときのパーツは……

部品やパーツの収納です。家電や家具を買ったときに付いてくる部品やパーツ。いつもは使わないけど、いざというときのために取っておきたいものは、廊下の収納庫に保存してあります。

100均のジッパー付きの袋に入れてラベリングし、無印良品のポリプロピレン収納ケースに投げ込み方式です。

入居してから6年。実は一度も見直してなくて、引き出しがパンパンになっていたので見直してみたら、すでに手放した家電や家具の部品がたくさん出てきました。これからは毎年見直さないとですね。

PPケース引出式・深型4段キャスター付（ネット限定）

2017年 04月 02日

文具収納を見直し

文具の収納を無印良品の小物収納ボックス6段に変更しました。リビングのチェストの一番下の段ですが、子ども達も、使うと危ないものがよくわかる年齢になったので、ここに文房具を収納しても安心です。

子どもの成長に合わせて収納場所を見直すことで、使いやすく片付けやすくなるように見直していきたいと思います。

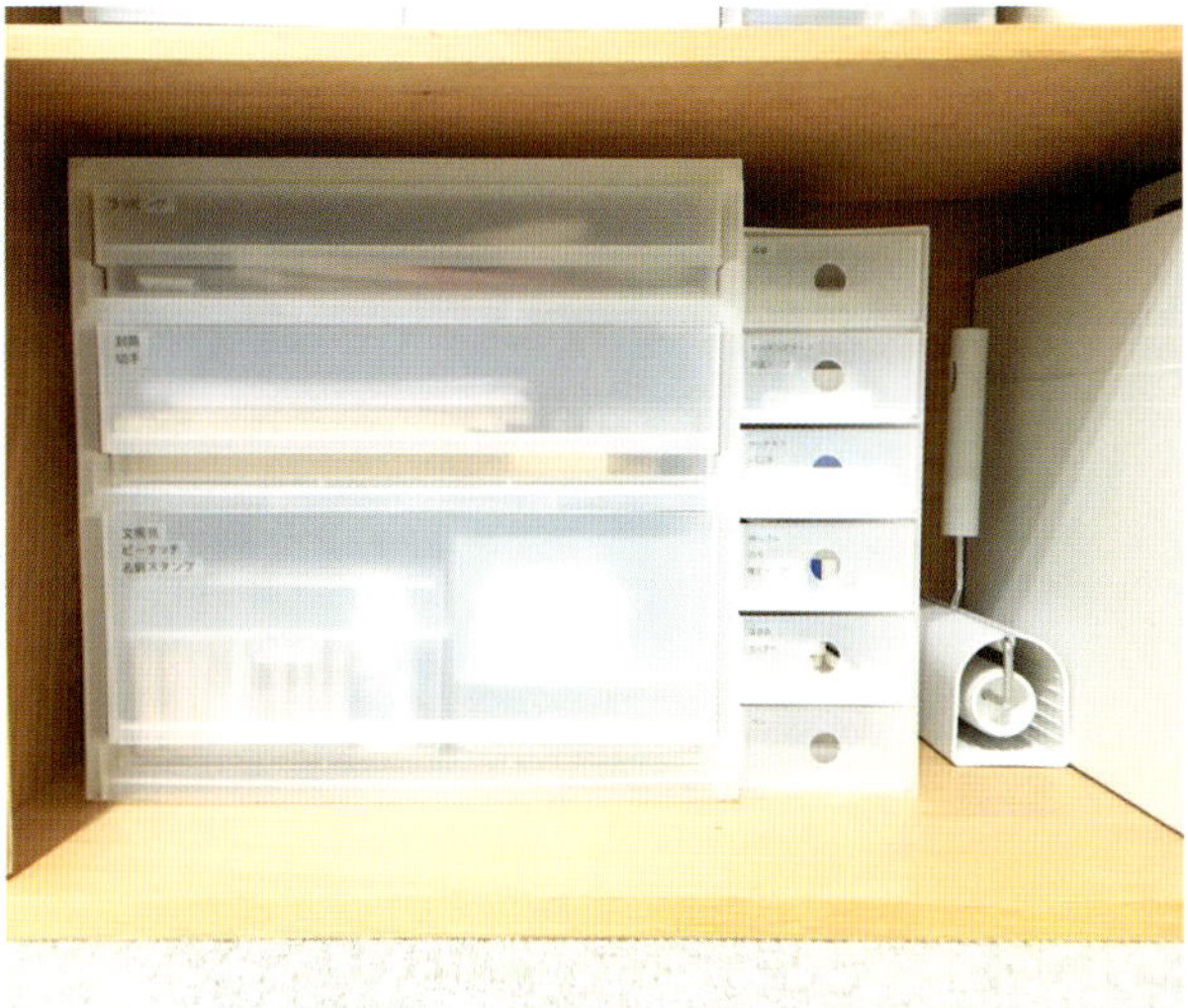

ポリプロピレン小物収納ボックス6段、ポリプロピレンケース・引出式、掃除用品システム・カーペットクリーナー

2017年 05月 21日

整理ボックスをカトラリー整理に活用

今日はお昼からマンションのお友達ファミリーと小学校のお祭りに行きます♡

午前中に夕食の準備を済ませ、カップボートの引き出し掃除を。仕切りに使っているケースを全部洗って、きれいになりました。

カトラリーはサイズで分けて、ティースプーンなどはポリプロピレン整理ボックスに入れて、ふたを外して収納。

ポリプロピレンラップケース、ポリプロピレン整理ボックス　など

2017年 07月 18日

紙ものは届いたらすぐに確認して整理

DMなどの一時置き場所とシュレッダーにかけるものの専用引き出しは、廊下の収納庫です。

無印良品のポリプロピレン製の引き出しは楽に全部引き出せるので、引き出しごとテーブルに運んで中身を確認したりしています。

すぐに確認できるものは廊下に立ったままチェックして、個人情報に関わるものなどはそのまま下の段のシュレッダー用引き出しにポイッと入れます。

息子の幼稚園は今日が終業式。いよいよ明日から夏休み!!　ガンバロー。

ポリプロピレンケース・引出式

2017年 08月 18日

ジュエリーの一時置き場

今週は色々と予定があり、家もハチャメチャなまま金曜日を迎えてしまいました……。今日も午前中は皮膚科、お昼からはミュージカルに行き、姉弟喧嘩に巻き込まれ、もうヘトヘト。

いつも帰宅後すぐにアクセサリーを外しますが、今日みたいにヘトヘトな日は失くさないようにとりあえず無印良品のトレーへ。

落ち着いたときに汚れを拭き取って、ジュエリーボックスにしまいます。

木製　角型トレー

2017年 08月 22日

楽な準備と片付けのために

写真は今朝の朝食準備風景です。食事の準備は、料理を運ぶ前にトレーやおはしなど、必要なものを全てカウンターにそろえます。「準備おねがーい」と声をかけると、子どもや主人がダイニングテーブルへ運んでくれます。

食後の片付けは、自分が使ったトレーごと、そのままカウンターに戻します。

食事の準備と片付けは少しでも楽に済ませたいので、カウンターにはものを置かず、すっきり開けておくと便利です。

木製　角型トレー、ポリプロピレン整理ボックス

2017年 08月23日

「アクリル仕切棚」で器を収納

我が家のお皿のほとんどは、定番のイッタラのティーマです。和食でも洋食でも使えるよう、またほかのカラーや柄物の器とも合わせやすいように、カラーはホワイトです。サイズ、形違いで数枚ずつ持っています。

大皿は料理をそのまま出したり、ワンプレートとしても使ったり。小皿は取り皿にもなり、ボウルはスープにも麺類やどんぶりにも使えます。どのサイズも形も大活躍です!!

収納は、無印良品の「アクリル仕切棚」を使って。クリアと白で見た目もすっきりです。

アクリル仕切棚

2017年 09月 25日

お手入れもしやすい定番のメイクボックス

長年愛用のメイクボックスは、安定の無印良品。メイクはダイニングでするので、まとめて持ち運べて便利です。中身も無印良品のケースで仕切って、取り出しやすく立てて収納しています!! 時々ベランダで、少量の洗剤をブラシにつけて洗っています。すすいで乾かせば、すぐに乾いてきれいになりますよ。

最近仲間入りしたメイクグッズは、発色がよくてお気に入りです♡ 男前なパッケージも結構好きです♡

ナイロンメイクボックス

2017年 10月 02日

ポリプロピレンケース・引出式、ポリプロピレンデスク内整理トレー　など

夫婦のアクセサリーもすっきり整理して

今日は、娘は運動会の代休です!! が……息子が先日からマイコプラズマ肺炎にかかってしまい、今日は幼稚園をお休みしているので、3人で家でゆっくりしています。息子もだいぶ回復してきたので、昨日は主人に息子をお願いして、無印良品に行ってきました。

写真はアクセサリーの収納です。ポリプロピレンケースの引き出しに、夫婦のアクセサリーを収納しています。

無印良品の収納ケースは細かく仕切れて使いやすく、色々なものの収納に使えて便利ですね♡

2017年 10月 25日

超音波加湿器

シンプルで機能的な加湿器

おはようございます。昨日の朝起きたら喉が痛くて、早く加湿器出しておけばよかった……。

寝室の加湿器は無印良品のものです。見た目も機能もシンプルで気に入っています。

mayuさん 04
mayu

家事の効率化に欠かせないアイテムばかり。

フルタイムの共働き家庭のため、忙しい毎日でもすっきりと片付けやすく、掃除のしやすい仕組みを整えています。自分自身が家事をしやすいだけではなく、家族の協力を無理なく自然と得られやすいようにしています。効率化を図って得られた時間を、家族との時間に充てたいと思っています。

家族構成
夫、自分、長男5歳、次男3歳

住まい
4LDKの築4年の一戸建て

▶無印良品の好きなところ
シンプルで使い勝手がよく、定番化しているので買い足しがかんたんなところ。センスがない私でも、無印良品のものを選ぶことで統一感が出て、見た目をすっきりさせることができます。

▶これから欲しいもの
長男が小学生になるタイミングで、机とスタッキングシェルフを購入したいです。

Instagram user name
「mayuru.home」
https://www.instagram.com/mayuru.home/

▶2017年 04月 21日

帰宅時の定位置は……

仕事から帰って、腕時計や夫のネクタイピンを置く場所はここ。リビングデスクの上です。無印良品の角型トレーを使用しています。

その下には、アクリル仕切棚を置いています。アロマディフューザーのコンセントがあるので、目隠しに。いつもは下段に、夫のヒゲそりが潜み、充電されています。なぜここでヒゲをそるのか謎です。

木製 角型トレー、
アクリル仕切棚

▶ 2017年 05月 17日

ボトルは白で統一して

PET詰替ボトル

我が家の浴室。シャンプー類は、無印良品の容器に入れてます。クレンジングも洗顔も。ぇぇ、もはや無印良品信者ですね（笑）。

シャンプーなどの中身は家族で共有できるものを選んで使ってます。ステンレスのラックはニトリのものです。シャンプー類も引っ掛け収納がいいかなとも思いますが、このほうが家族みんなが使いやすい。座ったままそのままプッシュで、はい終わり、ですね。ステンレスラックは接地面が少ないので、ぬめりません。

ラベルもシンプルにわかりやすく。以前は、おしゃれなラベルに憧れて貼ってましたが、夫に「わかりにくい」と言われて。家族がわかりにくいなら、本末転倒かなと思って。もともとの壁面収納のトレーは汚れやすいし、必要ないので外しました。

▶ 2017年 07月 30日

文房具は持ち運びできるケースに

子どもの文房具。現在はこんな風にまとめています。無印良品の自立収納できるキャリーケースを使用。

手前部分には無印良品のデスク内整理トレーを2つ使用して、クレヨンと色鉛筆を。折り紙はセリアのケースに入れています。隙間には、ハサミや鉛筆削りを1。いつもはスティックのりも入っています。奥側にはお絵描き用のノート2。

すっきりひとまとめにできて、子どもが自分で持ち運びできます。使いやすいです。

1

2

自立収納できるキャリーケース、ポリプロピレンデスク内整理トレー

2017年 08月 05日

お気に入りの室内干しスペース

アルミ角型ハンガー

こちらは台風の影響で風がちょっと強くて、今日の洗濯は室内干しでした。愛用中の洗濯グッズをまとめてみました。

我が家にはおしゃれなランドリールームなるものはないので、ダイニング側に室内干しスペースを作っています。陽当たりもよく、エアコンもあるので早く乾きます。

DIYで伸縮する物干し竿をつけて、洗濯物の量に合わせて長さを変えています。

ハンガーは無印良品のアルミ角型ハンガー 大。シンプルで、大きさもちょうどよく、丈夫で使いやすいです。ニトリのハンガーはプチプラで買い足しもしやすいので、ずっと使ってます。見た目がシンプルなので、全部出しっぱなしです。そしてからまりません。洗濯ピンチも無印良品のもの。

ランドリールームがなく、室内干しの場所作りに失敗した我が家ですが、私なりに工夫したので、今はお気に入りの空間です。

2017年 08月 11日

掃除道具はセットにして

アルカリ電解水クリーナー、卓上ほうき（ちりとり付き）、ポリプロピレンバケツ・フタ付　など

今朝は家族が起きる前にお掃除を。ついでに掃除グッズを集めてみました。大好きな無印良品のものがほとんどです。

掃除グッズは冷蔵庫横のデッドスペースに収納しています。目立たないので◎。フローリング用ドライシート、お安いのに汚れがよく取れてオススメです。

ダイソーのマグネットボックスに入れて、冷蔵庫横にくっつけています。使うものをセットにして置いておくことで、時短になります。在庫もひと目でわかります。

2017年 08月 26日

子どもが使いやすいように

我が家の工具入れは、無印良品のものを使用しています。生活感は、もはやしょうがないです。

子ども達のおもちゃに電池、ドライバーを頻繁に使うので、戸棚の扉を開けてすぐドライバーを取り出せるようにしています。


マイナス、プラスもラベリング。

子どものおもちゃといえば、最近は「トミカハイパーレスキュードライブヘッド」にハマっている息子達です。またまたおもちゃが増えています。

ポリプロピレン収納キャリーボックス・ワイド、EVAケース

2017年 09月 06日

プリント類の収納はデッドスペースを活用

子ども達が園から持ち帰るプリント類。多くて困りますよね。以前は子ども用クローゼットの壁部分にコルクボートを取り付けて、クリアファイルを画鋲で取り付け、間からはさみ込んでいました。

しかし、はさみ込むときにクリアファイルごと外れる心配があったのと、プリントを重ねて入れたときに、一番手前のプリントしか見えないので不便でした。

そこで、余っていた突っぱり棒と、無印良品のワイヤークリップを使用することに。これ、はさみやすいし、重ねてもペラペラめくれて便利。種類別にまとめましたが、兄弟別でもいいかも(撮影のためプリントは裏面にしてますが、いつもは表面です)。

一時的に保管するものは、別にファイルを設けてます。

ステンレスひっかけるワイヤークリップ

2017年 09月13日

書類整理は見えるように入れて

ちょっと前に購入していた、無印良品のハーフサイズのファイルボックス。仕切りポケットと組み合わせました。

未処理の書類や、夫の置きっぱなしの書類をひとまとめにできるように、パソコンデスク上に設置しました。

未処理の書類は、見えない位置や完全に隠れるボックスだと時々忘れちゃうので、ハーフサイズのボックスだといい感じに見えてちょうどいいかなと。再生紙ペーパーホルダーの間に適当にはさんで、ため込まないように早めに処理しています。

ポリプロピレンファイルボックス・スタンダードタイプ・1／2、ポリプロピレンファイルボックス用・仕切付ポケット、再生紙ペーパーホルダー、ポリプロピレンごみ箱・角型・ミニ

2017年 09月 21日

文房具は思いきって断捨離！

テレビボードの引き出しのひとつ。無印良品のデスク内整理トレーを使用して文房具を収納しています。使用後に行き場を迷いそうなものの下には、ラベリングしています。ゴチャゴチャしがちなものも、定位置を決めて必要最低限にするとすっきりするのかなと思います。

個人的には、三色ペンなどは1色だけなくなって買い足したりすると、無駄に増える原因になるので使っていません。文房具類は中途半端になっているものは思いきって断捨離をするのがおすすめです。使っているもの、お気に入りのものは意外と少ないはず。

私の場合ですが、文房具もほとんど無印良品にしています。定番を決めることで、無駄に買い足すことを防げます。文房具は使う場所が何カ所かあるので、必要最低限ですが、場所ごとに同じものを複数持っています。

ポリプロピレンデスク内整理トレー、スチール2穴パンチ　など

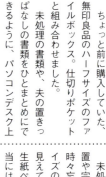

2017年 09月 25日

さっと使える位置に置いて

玄関にある備え付けの靴箱。扉裏には、無印良品のコットンバッグに入れた新聞紙をセットしています。

使用法は、①可燃ゴミの下に敷く、②雨で濡れた（洗えない、洗うほどではない）靴の中に入れて、乾きを早くするなどです。ここにセットしておくことで、さっと使えます。

我が家はウォークインのシューズクロークはなくて、収納は限られているので、扉裏もフル活用です。

オーガニックコットンマイバッグA4、ステンレス扉につけるフック

2017年 10月 10日

こだわりのゴミ箱スペース

我が家はキッチンの斜め後ろにゴミ箱ステーションがあります。写真の左側がキッチン、右側がパントリーという位置関係。唯一、間取りでこだわったところかもしれません（笑）。

その分、勝手口は作りませんでした。外にゴミ箱を置くのに抵抗があったので、必要性を感じなくて。全く不自由はしていません。

ただ、動線的にいうと、キッチンの一番奥の部分にあるので、調理中以外でゴミを捨てるときは若干遠いかも？　本当は動線上にあるのが、一番効率いいかもしれません。でも、目立たない場所にしたかったので、ここでよかったのかなとも思います。

ゴミ箱は無印良品のもの。スリムなので、スペースにしっかり収まりました。

ポリプロピレンフタが選べるダストボックス、ポリプロピレンフタが選べるダストボックス用フタ・縦開き用

mujikkoさん mujikko 05

無印良品をこよなく愛する、整理収納コンサルタントやコラムニストとして活動中の2児の母。毎日更新するブログ「良品生活」では収納術や雑貨を紹介しています。月間150万PVを達成しました。無印良品のアイテムはどれも好きですが、部屋のメイン家具である「ソファベンチ」は形も色（インクブルー）も大好きです！　お店で座り心地を何度も確かめて、シミュレーションしました。

お店の、落ち着いた雰囲気も好き。

家族構成
夫、自分、息子9歳、娘6歳

住まい
3LDKマンション

▶無印良品の好きなところ
いつ行っても定番品が安心して買える、店内が落ち着いた雰囲気で、せかせか、ざわざわしていないところ。

▶これから欲しいもの
ペーパーコードチェアをもう1脚買い足したい！

➡ Instagram user name
「mujikko-rie」
https://www.instagram.com/mujikko_rie/

➡「良品生活」
http://ryouhinseikatsu.blog.jp/

▶ 2016年 11月 25日

歯ブラシスタンドにグリーンを立てて

新しい歯ブラシスタンドはガラスバージョンの2種類。クリアとマットフロスト。ガラス製なのでずっしりしてます。これはシンプルでいいですね～！　特にクリアのほうは清潔感バツグン！
キラキラしてきれいですね。フロストもいいけど、やっぱりクリアがオススメ♡
なんか……歯ブラシ立てにはもったいないような……。高級感漂ってます！
ちびグリーン達を入れて♡　ただし、底がなく水を入れられないのでエアプランツかフェイクグリーンで。キラキラしてますが、透明なので立てるものを引き立ててくれると思います。フロストのほうはいい感じの透明感♪

ガラス歯ブラシスタンド・1本用、フロストガラス歯ブラシスタンド・1本用

2016年 12月 04日

引っ掛けるクリップでかんたんドライフラワーに

「ステンレスひっかけるワイヤークリップ」。これも大人気ですよね！　水回りで使ってる方が多いようです。しっかりがっちりはさんでくれます。

ドライフラワーにするときにも便利で、切り花やグリーンのゴムなどで留めて、ワイヤークリップではさむと、かんたんにドライに。その辺に引っ掛けるだけできれいに乾燥させることができます。さびにくいのも本当に優秀！

ステンレスひっかけるワイヤークリップ

2017年 03月 10日

我が家の定番アイテム

さて今日は、大好きな「ステンレスワイヤーバスケット」について熱く語りたいと思います(笑)。サイズ展開も多く、かっこいいバスケット。骨太だし、へたりにくいし、さびにくいし、引っ掛かりもないし、大好きです♡

本当に色んなところで使ってます。リビングでブランケットを入れたり、ランドリースペースで洗剤をまとめたり、食品のストックを入れたり。本当に万能!!

水に強いということで、ベランダでも便利ですよ。部屋の中のグリーン達は定期的にこれに乗せて、一斉にベランダへ！　そのまま水をジャーーッ！　と。かなり便利です♪

18-8ステンレスワイヤーバスケット

2017年 06月 15日

私的大ヒットのキャリーケース

「自立収納できるキャリーケース」が優秀！

中には無印良品のポリプロピレンデスク内整理トレーがぴったりと!! 自由にアレンジできます。もし買うなら、実際に合わせてみて、使いやすい組み合わせを選ぶのをおすすめします。そしてこのトレー、ケースの底にある凸凹に引っ掛かり、かんたんにはズレません！

整理収納サービスの道具を入れてみましたよ～。ペンもケースにそのまま入れられますね（ただし、ケースを開けるときは慎重に……）。

試しに入れてみたらジャストすぎたので、もうこのまま使います（笑）。よほど細かいものじゃない限り、中でぐちゃぐちゃになることもなさそうですよ。

自立収納できるキャリーケース

2017年 06月 20日

3つじゃ足りないハンガー

廊下に取り付けている「3連ハンガー」。「壁に付けられる家具」シリーズです。これ、使わないときはフックが収納できるので便利。腰を強打することもありません（笑）。

去年のこの時期に、子ども達のプールバッグを掛けたい！と思って取り付けたのですが（洗濯機の近くなので動線がいい!）、今はほかにも色々掛かってますね～。大人のものも……。

フックが3つじゃ足りないほど。上に増やすべきか……。

壁に付けられる家具

2017年 07月 09日

ブラシはひもを付けて使いやすく

使いやすい無印良品のブラシ3つ。革ひも(100円!)を付けると高見えします(笑)。

ちょっと前にセリアで買った革ひも! 合皮じゃなくてちゃんと革! 手芸用品には疎いので(その辺はいつもスルー)、感心してしまいました!! こういうのも100円で手に入るのですね〜!

どれも安いのに使いやすくて、見た目もよくて気に入ってるブラシばかり。やっぱり掛けておくと便利です。左のミニほうきは、このサイズ感がガーデニングの土とかちょっと掃除するのに便利なんですよね。

ブナ材洋服ブラシ、木製隙間ブラシ

2017年 07月 25日

使いみちが広い工具箱

少し前に購入したスチール工具箱。大きいタイプです。スチール製なので重さもそれなりにありますが、シンプルでいいですよね! ずっと欲しくて、やっと手に入れました♪

ザ・工具ボックスとして使うのは、間違いない使い方。とにかく丈夫なので荒々しいもの入れても大丈夫! 仕切りがないのでごちゃごちゃになりがちですけどね……。

このかわいさを利用して、置いたまま収納として使うのもよさそう。ということで……こんな使い方もいいかも♡ ふたは開けたままで収納として。帰ってきたらアクセや小物をここにいれる、とか便利そうですね!!

スチール製で磁石がくっつくのを利用して、マグネットフックも便利です(磁石で時計が狂う可能性があるそうなので、時計は掛けないほうがよさそうです)。ヘアアクセもいいですね、何かと使いみちが広そうです。

スチール工具箱

2017年 09月04日

切手整理に大活躍

ピル・ピアスケースの小さいほう。これも何かと便利ですよね〜!! 仕切りが外れるのがいいですよね（短いほうが外れます）。なくしやすいアレコレをもれなく整理できますよ。

引き出しの中でごちゃごちゃになっていた切手を整理したくて……（最近はあんまり使わないけど、ないと困るし年賀状で当たるし）。「ぐりとぐら」の切手シートも、買った当初は使うのがもったいなかったけど、一度使うと気持ちは薄れるもので（笑）、切り離してコンパクトにしたい欲が出てきます。

ノーマルサイズの切手は、「このために作られたのか?」ってくらいぴったりでした。大きい切手が入るか不安だったけど、これもジャストサイズ!! 取り出しにくいくらいジャストフィット（笑）。ひとつ仕切りを外したほうが取りやすいかも。これで、迷うこともないですし、取りやすいですよね。大量に入りますし。ピルケースにもいいけど、切手整理にもおすすめです♪

ポリプロピレンピル・ピアスケース

2017年 09月 13日

リビング横の息子コーナー

久しぶりに小3の息子コーナー。夏休みは散らかり放題だったけど、やっと元通り。

リビング横の部屋のスタッキングシェルフ。あとは息子が帰ってきて、上にドーンとランドセルがのったら完成です! リビング横なので、いつも目につく場所。

3年生なのでそろそろ自室に行っていただきたいけど……来年は娘と交代していただきたいけど……娘のほうがしっかりしてるので、どうかな（笑）。

下の段に入れているのは、無印良品のダンボール引き出し。一時的なものだと割りきって、紙製にしています。

スタッキングシェルフ、18-8ステンレスワイヤーバスケット、ダンボール・引出式・横ワイド　など

2017年 10月 07日

軽くて洗えて便利なポリエチレンケース

すでに大人気となっている「やわらかポリエチレンケース」。大サイズを2つ買ってきました（このサイズ、在庫あってよかった！）。別売りのふたも一緒に購入してきましたよ～。

「やわらか」とはいいつつも、結構しっかりした作りです。

早速、玄関に置きました1！やっぱり白は清潔感あっていいですね！ 汚れが目立つ＆ホコリが付きやすいけど……汚れは落ちやすいです。やわらかケースだと、軽いのでガンガン引き出せますし、ザブザブ洗えるし。

中には外遊び道具やヘルメットが入ってます2。ぴったり入ってよかった!! とりあえずふたをしてるけど、面倒そうだったらそのうち外すかも……。

やわらかポリエチレンケース

2017年 10月 30日

応用力抜群のマグネットバー

ネットストアで見付けた、新作の「マグネットバー」。ただの磁石なら別に驚かないし、間に合ってるけど……あの「ファイルボックス用ポケット」が取り付けられるんです!!

なるほど！ これは便利ですね～!! ポケットも、ファイルボックスだけじゃなく、こんな展開があったとは!! このポケットはいろいろ使えそうだな～と思ってたけど、ファイルボックス以外できれいにハマるのがなかったんですよね～。なのでこれはうれしい♡

冷蔵庫にくっつけてもいいし、玄関にもよさそう。いろいろ応用できるのがありがたいです!!

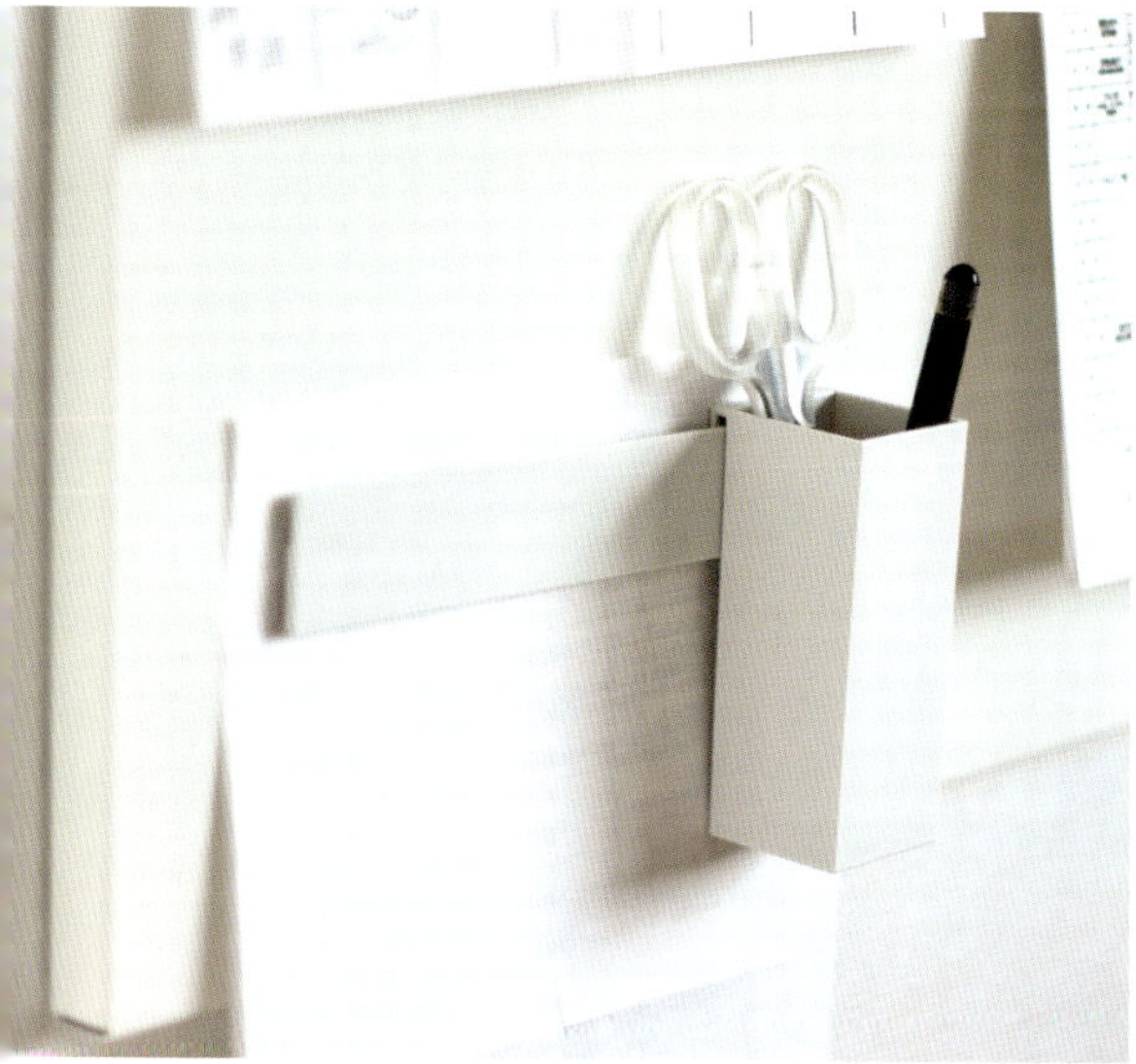

マグネットバー

sora_muji_houseさん

sora_muji_house

06

兵庫県在住の共働き夫婦2人とワンコ2匹の4人の暮らし。無印良品の家に住んでいます。ワンコがいても生活感が出ないよう、犬部屋や犬の部屋のインテリアなどにこだわりました。無印良品の家なので、家中で無印良品のアイテムを活用していますが、特にキッチンや洗面所の収納で活躍しています。

無印良品の家で営む、4人の暮らし。

家族構成

夫32歳、私32歳、ソラ（パピヨン6歳10カ月）、マメ（ボーダーコリー4カ月）

住まい

4LDK、築6カ月の無印良品の家

▶無印良品の好きなところ

無印良品で家を建てたので、無印良品の収納用品がぴったりサイズで入るのがすごく気持ちがいいです。また無印良品の商品は廃盤になりにくく、何年たっても同じものが追加購入できるところも魅力的。

▶これから欲しいもの

カラフルになりやすいベビーグッズの商品展開と、生活感の出やすいペットグッズを作ってほしいです。

➡ Instagram user name
「sora_muji_house」
https://www.instagram.com/sora_muji_house/

➡「決めました。無印良品の家に」
http://soramujihouse.amebaownd.com/

▶ 2017年 02月 25日

無印良品の家に引っ越し

引っ越し翌日。リビングは、すっかり片付いてきました。ソラはフローリングを問題なく歩いていますが、ラグの上だけをぐるぐる走り回るのが毎朝の日課です。

昨日24日の引っ越しは、「とうとう、マイホーム♡」だなんて感動してる間もなく……。9時から引っ越しの搬出開始、12時に搬出完了、管理人室に鍵などを返却、13時に新居で搬入、エアコン工事。その間に、新居用に頼んでいた荷物が届く、届く。その数なんと、80個くらい。

荷受けしたものや引っ越し荷物のダンボール開封作業で手を切ったり、酷使して真っ赤になりました。

明るいスタッキングシェルフの仕切り

階段を上がってすぐには和室があります。無印良品のスタッキングシェルフを部屋の仕切りにして、南側からの光を遮断しないようにしました。スタッキングシェルフの仕切りはほんと明るい。

光が入るよう、一番下だけを収納にして、あとはモノや植物を飾りました。前のお家からあまり「飾るもの」がなかった我が家。そんなことに気付いていたのかいなかったのか、遊びにきてくれたお友達夫婦が新居祝いに素敵な飾り物をくれました♡

それは「tempo drop」。ストームグラス（天気管）という19世紀に航海士などが使っていた天候予測器をモチーフとしたオブジェ。晴れの予報では、固形物は底へ沈み液体は透明になり、夏など気温が高い日は結晶ができにくいそうです。

台風や嵐が近付くと、シダの葉っぱのような形の結晶ができ、冬の寒い日や雪の予報だと、白くなった液体の中に小さな星のような浮遊物を見ることができるようです。なんておしゃれなお祝いの品!!　素敵なお祝いをありがとう♡

スタッキングシェルフ

キッチン収納は見せる収納に

キッチン収納をおしゃれにするって難しい。これからは飾ることを考えて、食器やキッチングッズは色を絞って買おうと心に決めました。

壁一面の見せる収納にしたら、散らからなくなりました。誰かに見せるって大事。キッチンの背面は全面ユニットシェルフで収納にしています。一番下の頑丈ボックスは見た目もシンプル。

キッチンで使うものってどうしてもカラフルなパッケージが多いのですが、ポリプロピレンだと半透明なので中のモノの色が透けてしまいます。そのため、100均で買った白いプラスチックダンボールを表面に両面テープで貼って、中が透けないようにしたことでよりすっきりしました。

スチール
ユニット
シェルフ

▶ 2017年 04月 06日

洗面所は白で統一

洗面所の収納は全てこの可動棚に。いかに生活感をなくすかが永遠の課題です。

バスタオルハンガーを棚下に付けてもらい、バスタオル掛けと室内干しを兼用しています。ただ、この可動棚、全てネジなので位置を変えるのがひと苦労。

そして、洗面所は清潔感を出したいので、白で統一しました。色数を減らすだけで、グッとおしゃれにすっきりするような気がします。ルンバも次に壊れたら、白にします。

ポリプロピレンファイルボックス・スタンダードタイプ・ワイド、18-8ステンレスワイヤーバスケット　など

▶ 2017年 04月 22日

作ってよかった和室

やっとコタツ布団をしまいました。すっきり。

和室は、「置き畳」というものをオーダーメイドで作ってもらいました。名前の通り、畳を置いているだけなのでかんたんに取り外しができます。めくればフローリングに早変わり。

広さ的には6畳くらいかな。ここの部屋にベランダが付いているので、コタツを置いて、ここで縫い物や洗濯物の片付け、アイロンなどをしていました。

ここで作業をしながら、1階のリビングにいる夫とよく喋っています。和室があると、やはり落ち着きます。

スタッキングシェルフ

2017年 05月 10日

飾って収納するネクタイ置き場

クローゼットの入り口には大きな鏡とネクタイ&時計置き場を作りました。ネクタイ入れは無印良品のアクリルケース。サイズがちょうどいいです。飾って収納すると、しまうときもきれいに入れてくれるような気がします。

ちなみに、我が家のクローゼットはひとつだけ。寝室横のWIC4・5帖だけです。収納を分散させようかとも考えたのですが、どこに入れたかわからなくなる、たくさん収納できることでいらないものが増えると考え、まとめてひとつだけにしました。

重なるアクリル仕切付ボックス

2017年 05月 18日

気持ちいい、ぴったりサイズ

無印良品のユニットシェルフには、無印良品の収納ボックスがぴったり入るから、気持ちいいですね。

北欧食器が好きで集めていたのですが、並べた際に色が多くてうるさかったので、それらはブリ材のバスケットに入れております。

無印良品の収納用品は、ほとんどが外寸86cm・内寸84cmに統一されているそうです。木造住宅の工法（1間）に基づいているため、日本で使われる家具の多くに当てはまるサイズになるのだとか。

スチールユニットシェルフ、ポリプロピレンキャリーボックス、重なるブリ材長方形バスケット

2017年 07月 04日

我が家のW-Cの全貌

我が家のウォークインクローゼット(W-C)。向かって左が夫、右が私のゾーンに分けています1。下に置いてある無印良品のポリプロピレンケースは左2列が夫、右3列が私のゾーンです。

左端の壁には、以前のマンションで使っていた大きな姿見を壁に取り付けてもらいました。部屋が広く見える上に身支度チェックもできます。

反対側はこんな感じ2。全ての壁に90cm幅の可動棚を付けて収納に。

ポリプロピレンクローゼットケース・引出式、ポリプロピレン頑丈収納ボックス

2017年07月 10日

付けてよかったバスタオルバー

ルンバの定位置は洗面所の可動棚の下(写真)。出勤前にここでピッと押すと1階全てをお掃除して、帰宅したときには帰ってきてます。ほんといい子。

可動棚の裏にバスタオルバーを付けてもらいました。ここにハンガーを掛けて部屋干ししてます。特にシワになりやすいものは、タオルバーにハンガーを掛けてここへ。これが3つあるので、なかなかの量が干せちゃうんです。

ポリプロピレンファイルボックス・スタンダードタイプ・ワイド、18-8ステンレスワイヤーバスケット　など

▶ 2017年 09月 06日

片付けを続けるコツ

私は片付けが苦手です。結婚する前に、母から夫へ「ほんと片付けできない子だけど大丈夫?」と言われたほど。そんな私の、少しでも片付いた家を保つ工夫をご紹介。

●人を家に呼ぶ機会を増やす

夫も私も元から友人を招くことが好きだったので、これは結婚当初からやっていること。これで月1回くらいはリセットできます。

●写真をSNSにアップする

写真を撮ることにより、普段見えないホコリや汚れ、配置のバランスなどに気付くことができます。それをSNSに投稿して誰かに見てもらうのもテンションが上がりますよね♪

●かんたんに片付く習慣を作る

片付ける気にならないのは、片付けにくさや効率の悪さ。片付けはかんたんでないと続きません。入れやすく、取り出しやすく、わかりやすく。これが私の結論でした。

ポリプロピレン整理ボックス

▶ 2017年 10月 12日

メイク道具は定位置を決めて

ドレッサーにしているテーブルの上にはこれだけ。左からパナソニックの美顔器、くし、メイクするときの髪留めクリップ、シャネルのネイル、鏡、香水、アクセサリーケース1。鏡とアクセサリーケースは無印良品。

鏡が近い方の引き出しにはメイク道具を。化粧品の種類ごとにケースに分類しています2。普段あまり使わないものはポーチに入れて、取り出しにくい引き出しの奥のほうに収納。左からアイシャドウ、ファンデーション。

マイホームを持ち、断捨離が好きになり片付けだしてから、不思議とメイクも最小限になりました。

メイク道具は色々なメーカーのものを使っているので、形やデザインがまちまち。すっきりしないため、デザインがシンプルな無印良品のメイク道具に最近すごく興味があり、少しずつ試していこうと思っています。

1

2

アルミコンパクトミラー、アクリルネックレス・ピアススタンド

wacoさん 07

waco

収納の楽しさを知るきっかけになったアイテム。

夫婦2人とチワワ1匹のマンション暮らし。北欧インテリアと「ERCOL（アーコール）」の木の家具、植物が好きで、ナチュラルモダンな部屋作りを楽しんでいます。心地よく暮らすために、機能的で使いやすい収納になるように工夫を繰り返すことも楽しんでいます。無印良品や100円均一の商品ですっきり使いやすい整理収納を心掛けています。整理収納を勉強するきっかけになったのも、無印良品の収納グッズで収納を見直し始めてからです。

家族構成

夫、自分、愛犬（チワワ10歳）

住まい

3LDKのマンション、築9年

▶無印良品の好きなところ

定番商品が多いので、リピート購入しやすい。かさばる収納グッズでもウェブでまとめて購入することができる。ウェブでサイズを詳しく知ることができるので、自宅にいながら収納計画を考えやすい。デザインがシンプル。手頃な価格でよい品質のものが手に入る。

▶これから欲しいもの

空気清浄機、アクリル収納。

➡「わが家のここち。」
http://wagacoco.com/

▶2016年 06月 11日

キットで手軽にアジアンごはん

今日は梅雨の合間の晴れで、暑いくらいでした。でも、暑いときも梅雨入りしたジメっとしたときも、辛い料理がおいしい！　買い置きしておいた「手づくりキット」を使って、ガパオを作りました。鶏挽き肉200gと卵2個を準備。挽き肉を炒めて、「手づくりキット」の2種類のソースを加えて加熱。最後に半熟の目玉焼きを焼いてのせれば、2人前のガパオ完成です！　かんたん♪

おはしとランチョンマットも無印良品。先日の記事でご紹介したケタックのランチョンマットと竹箸。すごーくかんたんに作って、すごくかんたんに並べただけですが、気分はアジアン。

手づくりキット　ガパオ、ケタックランチョンマット、竹箸

キッチンで大活躍のふきん

無印良品の「落ちワタふきん」（現在は「落ちワタ混ふきん」）を買いました。

約40×40㎝の綿100％のふきん。紡績の過程で出る落ちワタを再利用して作られているそうです。ざっくり織られ、吸水性がいい。

12枚入りと枚数が多く、比較的お手頃な価格なので、衛生面が気になる食品類に使うのにぴったり。目が細かいので、だし取りにもちょうどいいです1。

そして、こんな使い方もできそう2！　20㎝の「ル・クルーゼ ココットロンド」にスチーマーをのせて、その上にふきん。そして、20㎝のふた。「TNSシャロー・フライパン（20㎝）」のふたもぴったりでした（もちろん、ココットロンドのふたも使えます）。

ふきんを水で濡らして絞り、おこわを蒸すときに使ってみました。問題なく蒸し上がりました。スチーマー用に蒸し布を購入予定でしたが、これでも大丈夫そう！　食品の水けを拭き取ったり、だしを漉したり。キッチンで大活躍してくれそうです。

落ちワタ混ふきん12枚組

インテリアにも使えるプレート

アカシアのプレートを2枚買いました。家具の色味に合うディスプレイ用のトレーを探していて、こちらに決めました。

濃い色味やはっきりした木目のプレートのなかから、木目と色味が薄い2枚を購入しました。個体差が大きい商品だから、店頭でじっくり探して、お気に入りを見付けたいもの！

お料理の代わりに、お気に入りのインテリア雑貨や季節の小物をのせて。トレーにまとめるだけで、それっぽくまとまるのがうれしい。インテリアのディスプレイに生かせるように、あれこれお試し中です。

アカシア　プレート

2016年 10月 10日

まとめてすっきり

洗面台に置いているものをトレーでまとめました。以前は洗面台の左側にコップ。コップの下には「カステヘルミ」の10㎝プレートを敷き、コップは無印良品のものとカルティオと交互に使い、プレートも毎晩洗って交換。右側にはハンドソープと歯磨き粉を無印良品の小さな白磁トレーにまとめて置いていました。

今回は大きな白磁トレーを購入。「sarasa design store」さんのセラミックボトルがぴったりのサイズ。洗面台用のコップと歯磨き粉も一緒にまとめられます。バラバラに置くよりもすっきり見えます。

これまで洗面台の左右に置いてあったものが、片側だけにまとまりました。トレーも洗えるので気持ちよく使えます。

白磁トレー

2017年 04月 25日

古新聞の保管にも便利

ソフトボックスを新聞紙の保管に活用しました。以前は1週間分の古新聞を自治体の古紙回収に出していましたが、自治体の回収車がやってくる前に回収場所から持ち去られてしまうので、1カ月分の古新聞をまとめて新聞販売店の古紙回収に出すようになりました。

回収に利用するのは、古紙回収用の紙の袋。見た目がちょっと気になるので、ソフトボックスを活用することにしました。どうせなら見た目だけでなく、まとめやすいようにちょっとひと工夫1。

必要な長さのビニールひもの中心を洗濯ばさみでソフトボックスの右上の角に固定（ビニールひもは約3ｍほど）。底でクロスさせて、両端を上部へ出します2。この上に古紙回収袋をセット。古紙がいっぱいになったら洗濯ばさみを外して、輪になっている部分を中央に寄せ、その輪に両端を通して縛り、古紙回収袋ごと取り出します。それまでは中心部は洗濯ばさみで固定。

古紙がたまって中身がいっぱいになっても、持ち手があるので持ちやすいです。

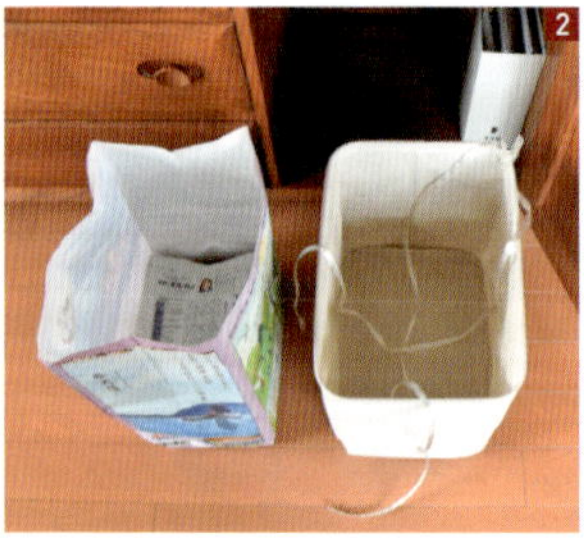

ポリエステル綿麻混・ソフトボックス

2017年 06月 02日

組み合わせて使えるアイテム

無印良品の「整理ボックス4」を使って、キッチンの吊り戸棚収納を見直しました。

収納を見直したのは、KEYUCAのまな板ラックを取り付けた場所です。「整理ボックス4」に吊り戸棚に収納していたこまごましたものを。そして、以前から使用していた「アクリル仕切棚」を置く。その上に「整理ボックス3」を置いて準備完了。

このまま吊り戸棚へ。

整理ボックスごと取り出して使えるので、奥行きも生かせるようになりました。高さを生かせる便利な組み合わせです。この組み合わせで活用されていらっしゃる方は多いですよね。組み合わせが考慮されているのも、無印良品の収納グッズのいいところ！

ポリプロピレン整理ボックス、アクリル仕切棚

2017年 06月 27日

カセットコンロをすっきり収納

吊り戸棚に収納していたカセットコンロを移動しました。キッチンのシンク下です。無印良品のファイルボックスに立てています。ちょうどいいサイズでした。

イワタニのカセットコンロは、もう何年も前のもの。6年前の震災以来、カセットコンロは処分できなくなりました。使用頻度は低くても、収納場所を確保して保持。ファイルボックスを使うと、立てて収納できるので便利です。

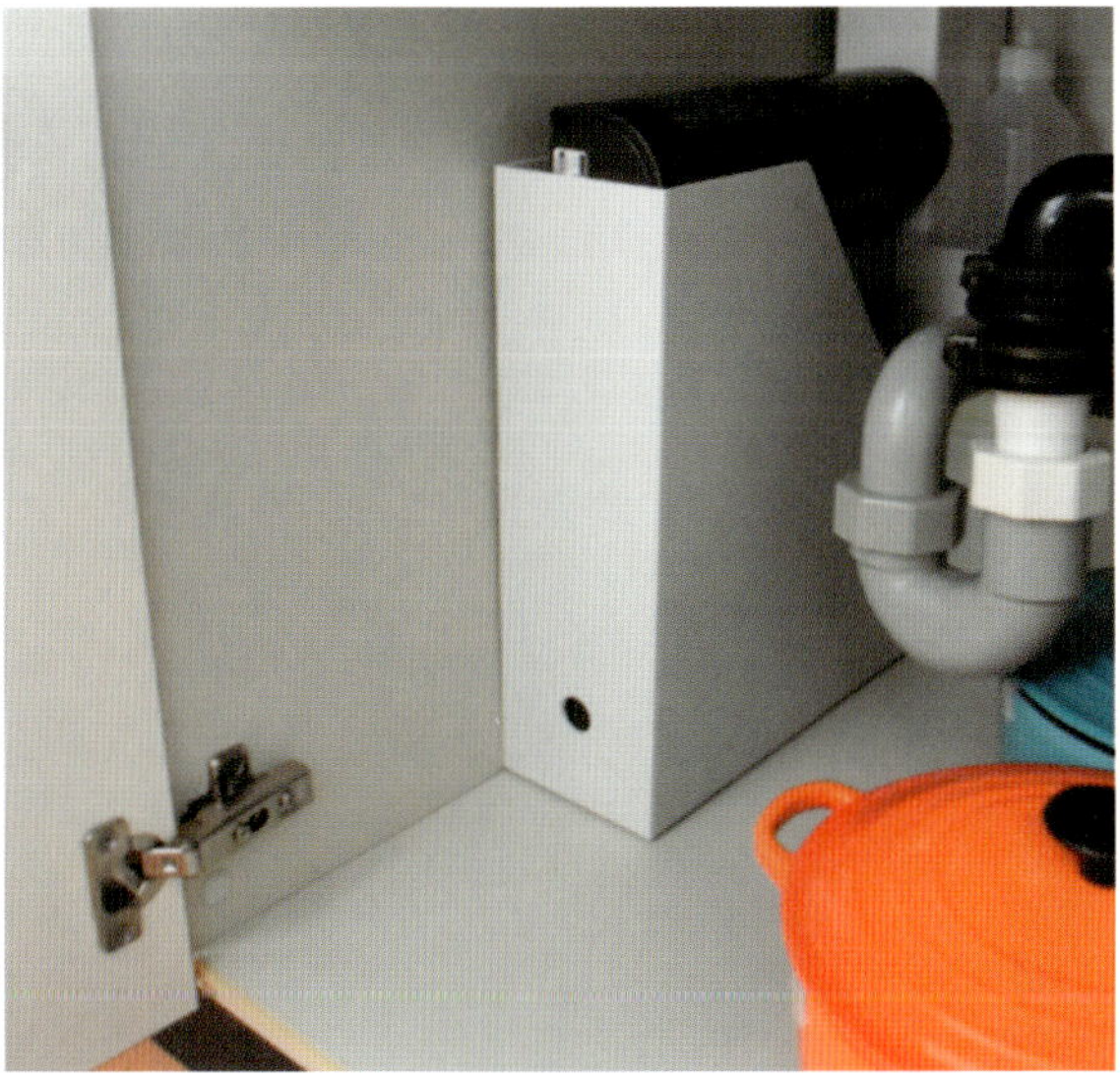

ポリプロピレンスタンドファイルボックス

2017年 07月 17日

アクアポットを再利用して

無印良品のアクアポットに多肉植物を植えてみました。以前購入した「リプサリス」が植えてあったものです。リプサリスは「レチューザ」という鉢に植え替えて元気に育ってます。

植え替えた後、空になったアクアポットはハンギングして、エアプランツ置き場にしていましたが、小さな多肉植物を植えてみました。鉢底には水をためずに空っぽにしてます。うまく育てられるかちょっと心配。

過去の失敗から、フェイクグリーンの多肉植物をインテリアに取り入れていましたが、本物の多肉植物は縁遠い存在でした。数年越しでやってきた多肉植物！ よく日の当たる場所へハンギング。枯らさずに育てられるかしら？ みずみずしさがとってもかわいいです。

アクアポット　3号（店舗限定）

2017年07月 18日

ふきんを使いやすく収納

吊り戸棚に収納しているキッチン用のふきんのこと。

無印良品の「整理ボックス」に2種類のふきんを収納しています。使っているのは白いマイクロファイバークロスと無印良品の「落ちワタふきん」（現在は「落ちワタ混ふきん」）。

前後で微妙に色が違うのは、手前が使用中の古いふきんで、奥がストックの新しいふきんだから。新旧のふきんを仕切っているのは、「スチール仕切板」の小さいサイズ。使用中のふきんを出し入れしても、ストックが倒れ込むことなく、使いやすく収納できるようになりました。小さくて目立たないけれど、いい働きをしてくれています。

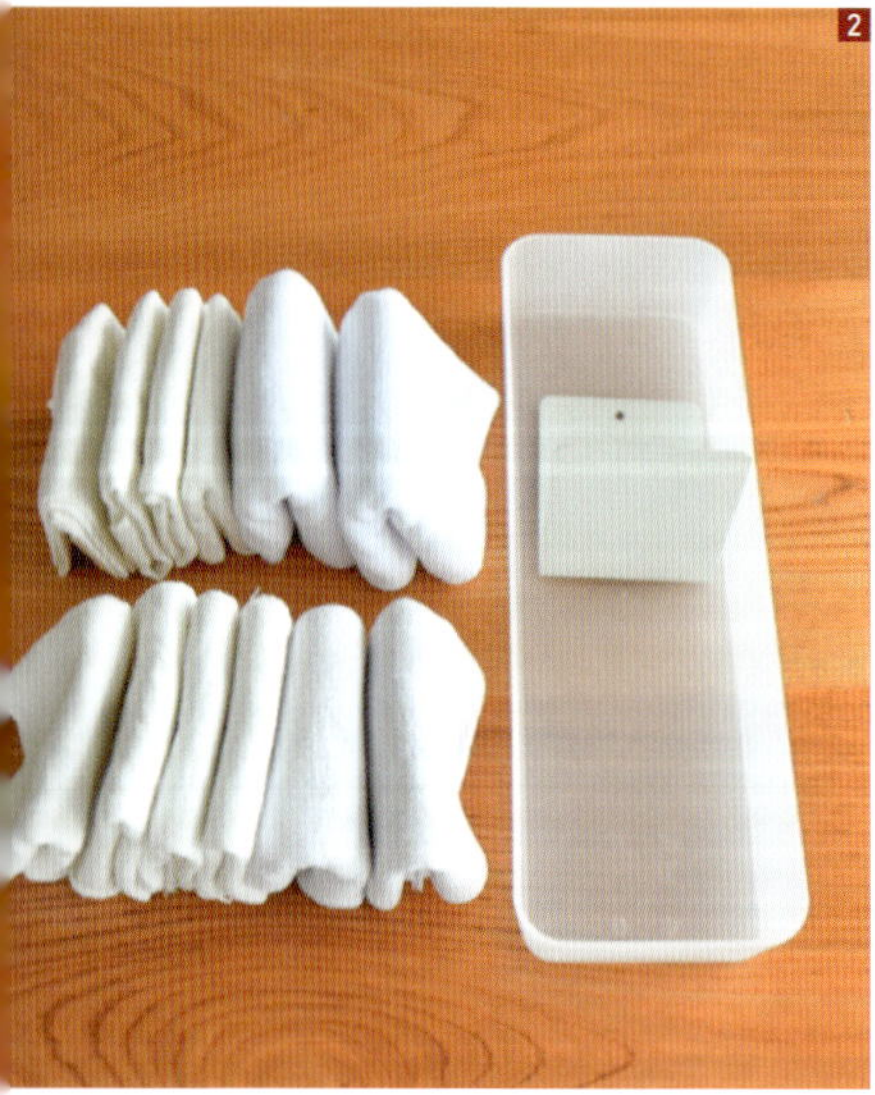

ポリプロピレン整理ボックス、スチール仕切板

2017年 09月 19日

見えない場所も使いやすく

洗面所のシンク下、無印良品のメイクボックスを活用した収納です。無印良品のポリプロピレンケース引出式を2段重ねて置いています。ここの上段は、メイクボックスを組み合わせて収納していました1。

ここに新たに2個追加。メイクボックスとコットン・綿棒ケースをこれまで使っていたメイクボックスと組み合わせました。中央一番奥がメイクボックス、コットン・綿棒ケースとメイクボックス、一番手前はメイクボックスを2段重ね。

コットン・綿棒ケースには使い捨ての手袋、手前のメイクボックスにはお掃除用のブラシや洗剤用の計量スプーン、詰め替え用じょうごを2段で収納。

収納している中身は変わりませんが、一番手前を2段にしたことで、収納スペースに余裕ができて使いやすくなりました2。見えない場所の小さな変化ですが、使いやすくなるとやっぱり気持ちがいいですね。見える場所の収納もホワイト化してすっきり。

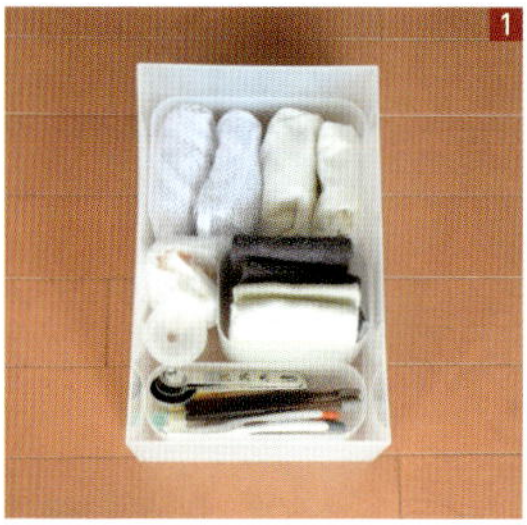
1

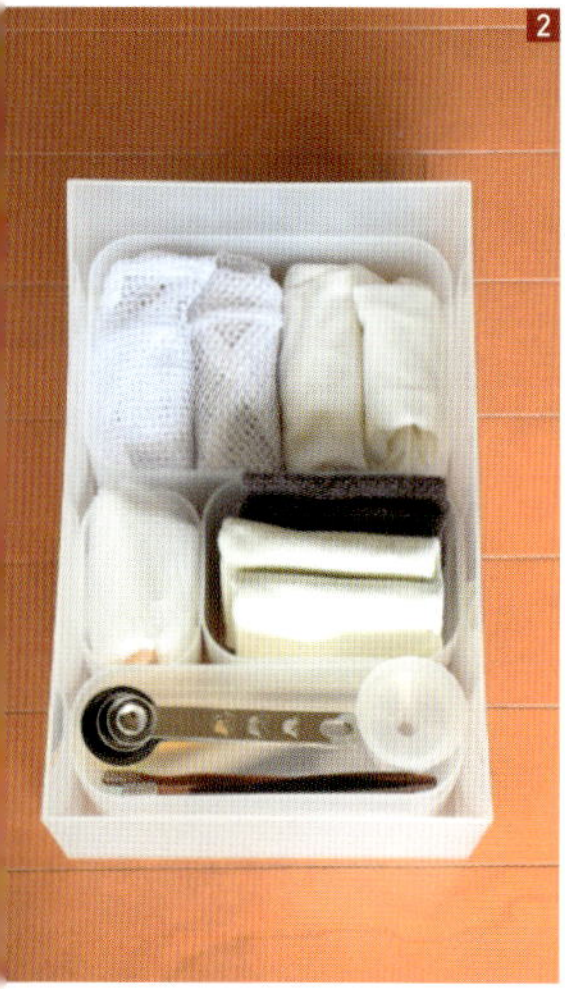
2

ポリプロピレンケース・引出式、ポリプロピレンメイクボックス

2017年 09月 26日

掃除できる収納ケース

無印良品の「やわらかポリエチレンケース」でタオルを収納1。先日購入したものです。収納場所は洗面台横の棚2。以前は「ポリエステル綿麻混・ソフトボックス」で収納していた場所です。

「やわらかポリエチレンケース」に置き換え。サイズはほぼ同じなので収納量は変わりませんが、形崩れせず、出し入れしやすいです。

しかも、このケースなら水洗いや拭き掃除できるのもいいです！　下の段も置き換えたいと検討中です。

1

2

やわらかポリエチレンケース

なべみさん 08
Nabemi

同じものを長く使えることに感動しています。

小学生2人が繰り広げるドタバタな毎日を、のんびりマイペースに楽しみながら暮らす40代の主婦。山沿いの小さな家で、家族みんなにとって居心地のいい空間を目指して日々奮闘中。シンプルななかに少しこだわりの混ざったものが好きです。高校生のときに初めて買った無印良品のノートは、表紙が無地なのでイラストやシールでカスタマイズして使っていました。今、同じものを小5の娘もカスタマイズして使っているのを見て懐かしくもあり、同じものがまだ普通に買えることにちょっと感動します。

家族構成
夫、自分、長女11歳、長男8歳

住まい
2LDK　築6年の一戸建て

▶無印良品の好きなところ
年齢や好みが変わっても、飽きずに長く使えるアイテムがそろっているところ。

▶これから欲しいもの
コーヒーメーカー、トラベル用アイロン、ソーラー腕時計などなど数えきれないほど。

➡「はなうたさんぽ。」
http://yaplog.jp/tomo-hana113/

▶ 2016年 08月 15日

小さな万能選手のブラシ

夏限定のことですが、今年も入浴ついでに浴室の床を磨いてます。同じようにしている人、結構多いですよね。
今まで色々なブラシを試して、やっと出会えたのが無印良品の「タイル目地ブラシ」。目地だけでなく、床だって広範囲をシャシャシャーッとかんたんにきれいに磨けてしまうのです。このブラシの形状からは想像もつかない働き。デッキブラシいらずです。
湯船につかることがほとんどない夏の浴室。洗い場はカビやすい季節ですが、ちょい磨き習慣のおかげで、今のところピカピカを保ってます。

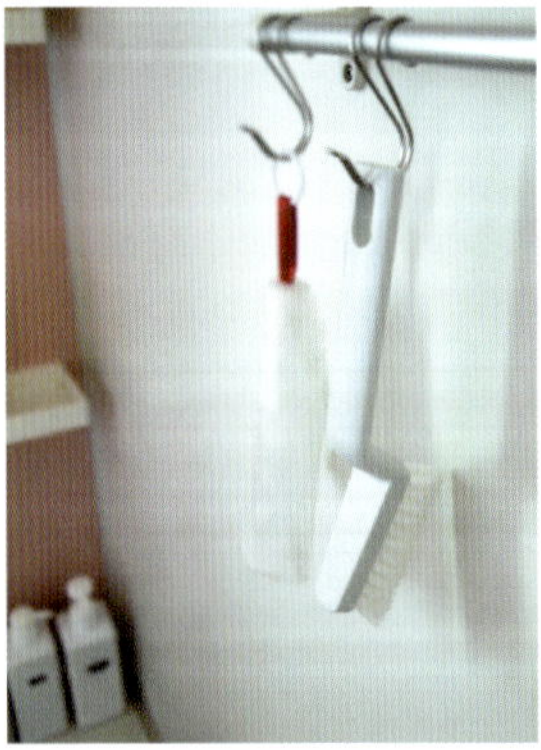

タイル目地ブラシ

2016年 12月 22日

部屋の癒やしアイテム

数カ月前、我が家にやってきた「壁にかけられる観葉植物」。来た当初、玄関の寂しい壁にイロドリを添えてくれてましたが、さすがに冬は寒くてかわいそうで、ダイニングに移動してきました 1 。

小さくてもちらりとグリーンが目に入れば、それだけで癒やし空間に。気が向いたら水をやる程度の世話だけで、今でも元気！ チロチロと新しい葉も伸びてます 2 。

これって壁掛け状態で育つとどう変化するんだろ？ ずーっと謎だったので、今後も観察を続けていきたいと思います。まずは枯れないことを願う。

1

2

壁にかけられる観葉植物

2017年 01月 20日

真っ白だからこそ、きれいを保てる？

だましだまし使っていた電気ケトルが壊れてしまいました。そんな日のために買ってあったケトルがついにデビュー♪ 初の真っ白家電。ポットだけに案の定、はね返り汚れが付きます。白さでそれが目立つ分、フキフキするようになりました。今まで電気ケトルなんて磨いたことなかった……。コードは底の裏側に巻き取っておけるので、すっきり☆

白い家電があるだけで、きれいを保たないといけない気がする空間になってしまいました。がんばります。いっそのこと炊飯器もバルミューダの白にできたらなー……。

ちなみに、このケトルで沸かせるお湯は500㎖がマックスになります。必要なときに必要な分だけというのが、実は楽なんだなーと思うこの頃。

電気ケトル

子どもに合ったデスクの場所は

　無印良品のデスクを使い始めて半年になりました。今日は使ってみた感想も交えつつ書いてみたいと思います。

　このデスクを買ったのは、現在小学4年生の娘が入学した直後のこと。子ども部屋に置いていましたが、3年ほど使われることなく眠っていました。小さい頃から絵を描いたり工作をしたりするのを、ずっとダイニングで作業していた習慣はなかなか抜けないもので……去年春、このままじゃ机が腐る！　と思いきって子ども部屋からデスクを1階に下ろしてきたのが使い始めたきっかけ。

　ダイニングテーブルではダラダラとやっていた宿題も、自分だけの場所ができたことで、取り組む姿勢みたいな部分が断然変わりました。今もその姿勢は継続中。

　机が必要かどうかは、入学後でないとわからない部分でもあります。娘は人目がないと集中できないタイプ。逆にそういう場所だと気が散っちゃうタイプのお子さんもいると思うので、まずはどんな場所で作業すると集中できるのか。そこを見極めてからどんな机を買うか検討するといいかもしれません。

無垢材デスク、無垢材デスクキャビネット

食材ストック置き場

　我が家の食材ストックは、冷蔵庫横のシェルフに入れています。ステンレスワイヤーバスケットにまとめて入れて。このシェルフも使い始めてはや2年。ここいらで使い方を見直したいなーと思ってます。

　ストックしているのは、ラインナップ豊富でうれしい「小さめごはん」シリーズ。期限が近くなると、私の朝ごはんか夫の夜食にもなります。「食べるスープ」シリーズは、野菜多めで非常用ストックにはぴったり。ショウガとかモロヘイヤとかは子ども達が苦手なので、そのあたりを吟味して選ぶようにしてます。

18-8ステンレスワイヤーバスケット、小さめごはん、食べるスープなど

愛用のパイン材シェルフ

2年前にやってきた無印良品のパイン材シェルフ。組み立て作業に慣れない夫が20分ほどで完成させました。

最上段はディスプレイを楽しむ段と決めて、色々飾っていました。今は先日始めた水栽培のムスカリが花を咲かせています。ついつい、モノを一時置きしたくなる場所にあるシェルフなので、気を抜くとすぐに色々なものが詰め込まれてゴッサリとしてくるので、たまに整理しては使い勝手を見直したりしてました。

かごにまとめるようになってからの最近は、あんまり荒れることなく落ち着いてます。ワイヤーバスケットが大活躍。しっかりとした造りとサイズ展開の豊富さで、スペースにぴったり合うかごが必ず見付かるのがうれしい☆ スタッキングできるのも便利なところ。

パイン材ユニットシェルフ、18-8ステンレスワイヤーバスケット、ポリプロピレンキャリーボックス

家中で活躍中の「壁に付けられる家具」

我が家の「壁に付けられる家具」シリーズをご紹介。

ひとつ目は洗面所で使っているもの。シリーズのなかでも小さい箱ながら、便利に活躍中。小さいかごと組み合わせて、スキンケアグッズを入れています。

こちらは箱3つのタイプ1。以前使っていた娘のデスクでは、壁に取り付けずに置いて使っていましたが、今ではキッチン背面にガシッと取り付けてます。収納とディスプレイ、どっちも叶えたくて選んだこのタイプは、今でも大活躍中です。

リビングの棚は季節ごとにちょこちょこ模様替えを2。ここに何を飾るか妄想する時間は、ちょっと楽しいです。

1

2

壁に付けられる家具

2017年 06月 13日

変わらず使っている収納ポイント

我が家の冷蔵庫横には、2年前からパイン材シェルフを置いています（P・51参照）。そのときどきに使用頻度の高いものを、収納用品を駆使しつつここに収めていました。最下段の古新聞とペットボトルのストック収納（写真）は、シェルフを使い始めた当初から変わらず便利に使っているお気に入りポイント。

このボックスはふた付きですが、古新聞ストックのほうは出し入れのときに不便なので外してます。

ポリプロピレンキャリーボックス、ポリプロピレン収納ケース用キャスター

2017年 09月 25日

みっちり使えるスケジュール帳

もう3年目になる無印良品の手帳です。再生紙のシンプルなノートなので、1冊目はカウニステの端切れを貼って、2冊目は無印良品のカバーを付けて使い、とうとう3年目に突入しました☆ 見開き1カ月でマンスリーのみ。1冊でみっちり2年半使えます。

サイズは少し大き目なので、マンスリーでもたいがいの予定は書き込めます。パカッと1カ月分の予定を確認したいし、どんどん書き込みたい派の私にはぴったりなのです☆

もうひとつ便利なのが、2年半使うので去年のあの行事はいつだったかな？ インフルの予防接種はいつ受けたかな？ などの確認もすぐできること。

書き込みとは別に、子ども達の習い事カレンダーとか何かしらの予約票とか、スケジュールと一緒に確認したいものはミニサイズのクリアファイルに入れて。

再生紙ノート・マンスリー

2017年 09月 29日

我が家の定番アイテム

我が家ではこの1年、家中のあちこちに無印良品の商品にチェンジしたものがあるのですが、それが多く集まるのが洗面所。定番化したものも多くあります。

最近はこんな感じ1。小物はミラーキャビネの中に、タオルや着替え用の下着、洗剤などは下のかごに収まっています。ざっくりと(笑)。

今年大きく変化したのがタオル。ここで使うものに限っては無印良品のタオルを夏前から使い続けてます。タオルは割とテキトーだった我が家にはこれ、珍しいこと☆ 長く使えるやわらかさなので白は選ばず、3種類の厚みから乾きが速い「中厚手」のものを。

髪ゴムの定位置はもう何年もここ2。それもブレずに安定するこのフックだからこそ。元はミラーキャビネの中に収めていたスキンケアものはトレーにまとめて。夫も同じものを使うようになり、使用頻度がアップしたので変更しました。

1

2

ステンレス横ブレしにくいフック、
壁に付けられる家具

2017年 11月 18日

新しいアイテムを導入

今回、冷蔵庫横のシェルフからニトリのかごを外し、「やわらかポリエチレンケース」を入れてみました。

深さのあるかごだと、どうしても下の方に追いやられたものを忘れてしまうので(汗)。2段にすることであまり使わないものを下のケースに、上のケースにはよく使うもの、というかお菓子のストックが入ってます。スタッキングするために、別売りのふたは今回1枚だけ買ってみました。

やっぱりこの白さ加減といい、やわらかさの具合とかスタッキングがかちっとするところが、無印良品ならではかなーと思います。

やわらかポリエチレンケース、やわらかポリエチレンケース用フタ

MIさん 09

MI

すっきりした暮らしの、きっかけをくれたもの。

ブログ「めがねと かもめと 北欧暮らし。」で大好きな北欧インテリアと、家族みんなが使いやすい収納を紹介しています。暮らしを楽しくするための雑貨、オススメのものを紹介するライフスタイルブログです。共働きをしながら、年子の男の子2人の子育てをしています。子ども達が小さい頃、忙しさから部屋の片付けができず、毎日どこかすっきりしない暮らしでした。このままではダメ……と思い、まずひとつの引き出しから整えたときに使ったのが無印良品の「ポリプロピレンデスク内整理トレー」でした。使い終わったハサミを元の場所に戻してくれる子ども達の姿を見て感動したのを今でも覚えています。

家族構成

主人・自分・長男13歳・次男12歳

住まい

3LDK＋ガレージ　築5年一戸建て

▶ 無印良品の好きなところ

シンプルでどんなインテリアにもなじみやすく、定番商品が多いので買い足しもしやすいところが気に入っています。

▶ これから欲しいもの

豆から挽けるコーヒーメーカー。

Instagram user name
「mi1341」
https://www.instagram.com/mi1341/

「めがねと かもめと 北欧暮らし。」
https://ameblo.jp/61680318/

▶ 2017年 03月 18日

洗面所収納もすっきり

先日購入したワイヤーラック。少し高さがあり、省スペースで置くことができるタイプです♪　洗剤ボトルなどを立てて収納するのに便利なサイズです。

掃除道具の一部はバスルームの中に、残りは使い終わったら乾かしてから洗面室に収納しています。そこで、使い終わったブラシとクレンザーをステンレスワイヤーラックに入れて乾かしています。

朝にはカラッと乾いているので、ワイヤーラックごと洗面室の収納へ……。乾いた掃除道具はこんな風に洗面台の下に収納しています。こちらは無印良品だけの収納ですね。やっぱり、すっきり収納には無印良品が一番。

ステンレスワイヤーラック、18-8ステンレスワイヤーバスケット、ポリプロピレンケース・引出式

▶ 2017年 04月 11日

そのまま食卓へ出したいアイテム

無印良品のカッティングボード。ラバー材でできた、丈夫で持ち手が付いたちょっとおしゃれなボードです♪

パンをカットしてそのまま食卓に出したり……ある日のブランチに目玉焼きをのせた「ラピュタパン」を（写真）。

まあるい持ち手付きって、どことなくかわいいんですよね～。トーストを置くためにあるんじゃないか……というほど、ぴったりサイズです。余談ですが、目玉焼きって人それぞれ好みが分かれますよね。

我が家も子ども達は黄身にしっかりと火を通してほしい、私と主人はちょっと半熟が好き♡　忙しいときには火を強くしてしまいがちですが、弱火でじっくり焼くと黄身の色がきれいにでき上がります。黄色がきれいで朝から元気をもらえる気がします。

ラバー材　カッティングボード

▶ 2017年 06月 02日

お気に入りの文房具

私が無印良品で初めて買ったのは、文房具でした。ペンケースとシャープペンだったかな？　若かりし頃は、シンプルなペンケースにステッカーを貼ってデコったりしたな（笑）。

そんな長いお付き合いの無印良品の文房具、私のお気に入りのひとつが、「書き込めるメジャー」。買い物に出かけるときは必ずバッグに入れて出かけます。

家にある家具の引き出し内寸を記入しておいたり、棚の大きさや高さを記入しておいたりすると、買い物する際にとっても便利!!　何となく購入してくると失敗も多いですからね（笑）。

書き込めるメジャー

ぴったりで気持ちのいい容量

毎朝家族みんなが必ず食べるヨーグルト。ヨーグルトに欠かせないのは、グラノーラとはちみつです。時々フルーツをプラスして、ボリュームアップすることも。子ども達はバナナ、私と主人はベリー系が多いかな？

グラノーラは、ジッパー付きの袋に入っているものが多いのですが、意外と収納するのが難しく、子ども達にお手伝いしてもらうとジッパーがしっかり閉まっていなくて湿気が入ってしまうこともあります……(笑)。

そこで、無印良品の密閉保存容器に移し替えてみました。これが思った以上にぴったり収まって、ものすごく気持ちがいい。パンパンでなく、余裕を持って移し替えられたのもうれしいです。

密閉の保存容器なので、湿気が入り込む心配も少なく、ひと袋が適度な量なので短い期間で食べ終えてしまうというところも気に入りました♪　保存は冷蔵庫で。薄型の保存容器なので、スタッキングして省スペースで収まるので助かりますね。

フタをしたまま電子レンジで使える　バルブ付き密閉保存容器

ナッツやドライフルーツで手作り

せっかくのお休みなのにお天気がイマイチなときは、家にあるものでおやつを作ります。料理大好きな次男が参加するときもあれば、長男がカウンター越しに厳しい目でチェックを入れることも(笑)。

今回は、大好きななかしましほさんのレシピでグラノーラを作りました♪　材料は、無印良品で購入してあったナッツ類。塩や油を使わず素のままナッツを楽しめる、その名も「素のままミックスナッツ」。夏らしいものを少しプラスしたくて、大好きな「ココナッツチップ」。珍しいシードミックスを発見して、そのまま食べようと思っていたのですが、グラノーラに入れてみました♪

ミックスナッツはフライパンで乾煎りし、ほかの材料と混ぜたら天板やバットに広げてオーブンで焼くだけ。ボウルひとつでできて、洗い物もすごく少ないところも助かりますね。

メープルの香りがとってもいい〜。ザクザクッとした音までおいしそうです。ドライフルーツはクランベリーを使っているので甘酸っぱくでアクセントになっています♪　冷めたらビンに入れて、そのままパクパク食べちゃいます。

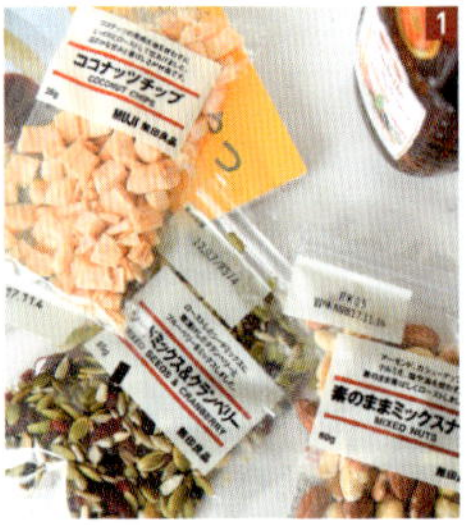

素のままミックスナッツ、ココナッツチップ、シードミックス＆クランベリー

2017年 07月 30日

場所や収納するものに合わせて

コンパクトな我が家は、寝室がバックヤードのような場所。もちろん眠る場所でもあるので、ゴチャついていると落ち着かない。でも少々モノが多くても、意外と落ち着く空間だったりします♪

モノが多いからこそ、どこに何があるのかを把握できて、取り出しやすくしまいやすい収納を心掛けています。寝室収納のために無印良品で「ステンレスユニットシェルフ」を購入しました。

セットで購入することもできるし、自分好みにカスタマイズもできるので、必要な棚の数や高さ、幅など比較的自由がきくアイテムですね！

ボックスや引き出しを追加することができるので、今後の展開を考えるのも楽しい♪　一番下の棚には、今まで床置きしていた収納グッズを並べました。

ステンレスユニットシェルフ

2017年 08月 03日

キッチン収納はこまめに見直して

キッチンは毎日必ず使う場所なので、日々の暮らしのなかで、少しの使いにくさが大きなストレスになっていく場所です。だからこそ、キッチン収納の扉が開いたときに少しテンションが上がる！　というのが、私的に大切な要素。「しまうべき場所」がしっかりと決まり、ひと目で目的のものが取り出せることが大切かなと思います。

今回見直したのは、IH下の収納。無印良品のファイルボックスを仕切りのように使っています。ボックスごとに拭いたり洗ったりできるので、とっても便利!!

キッチン収納はざっくり収納よりも、細かく仕切りを入れたほうが使いやすいかなと思います。見直しで大きく変化があったのは、オイルの詰め替えをやめたこと。セラーメイトの調味料ビンを使っていましたが、試験的にやめてみました！　購入したままの状態でファイルボックスにイン！

隣は、小さめのトレーやコースターなどを収納。コロコロ転がってしまう薄いコースターは、無印良品のワイヤークリップで留めて、ファイルボックスに引っ掛け収納しています♪

ポリプロピレンファイルボックス・
スタンダードタイプ

2017年 08月 17日

旅行に持っていってよかった！

先日、家族で旅行に出かけました♪ パッキングをする前に無印良品に行き、必要なものを購入。毎回「あれがあったらよかったのに……」と思うものがあるので、今回は事前に必要なものを購入しました。

　まずは、こんな感じでバスグッズが収まるEVAポーチ1。水濡れしてもOKな素材なので、そのままバスルームに持ち込んでも問題なし！ 持ち手付きなので、スパなどへの移動も楽々です。

　テレビでも取り上げられて話題になった「そのまま洗える衣類ケース」。出かけるときには衣類を入れるケースとして、使い終わった洋服を入れて持ち帰り、そのまま洗濯機へ……。洗濯ネットにもなる衣類ケースなんです♪ これすごく便利ですー。もう少し買い足したいなと思っています。

EVAポーチ・オープンタイプ、そのまま洗える衣類ケース

2017年 08月 21日

革製品のお手入れグッズをまとめて

我が家の革製品のお手入れ方法です。玄関を開けてすぐのところにある北欧ヴィンテージのキャビネットに、革製品のお手入れセットを収納しています。

　小さな白いボックスは、無印良品の「スチール工具箱1」。シンプルでふた付き、タフなスチール製です。この中にお手入れセットを入れています。主人の革靴をお手入れする回数が一番多いので、この場所に収納。

　中身は、レデッカーの小さなシューズブラシ（写真左手前）、ヌバック革用ブラシ（写真左奥）。右奥にある黄色のオイルは、先日主人にプレゼントした「クリストフ・ポーニー」のレザーセラムです。こちらは日々のお手入れというよりも、特別ケアといったところ。革靴のお手入れは基本主人が行いますが、小物は自分でお手入れをします。

　我が家で一番活躍しているお手入れグッズが「ラナパー」!! 写真の右手前に入っている丸いケースです。お財布や、カードケース、小銭入れ、手帳カバーなど気が付けば私の持ち物もレザーのものばかり（笑）。昔はハイブランドにばかりこだわっていた時期もありましたが、今はやわらかくて育てがいのある、手になじみのいい、自分が大好きなレザーを手に取るようになりました。

スチール工具箱

2017年 10月 18日

我が家の水筒の洗い方

　子ども達は1年通して学校に水筒を持っていきます。毎日使うものだから、汚れもたまりやすい。少し油断すると茶渋が付いてしまったりします。

　我が家でやっている水筒の洗浄方法をご紹介します。とってもかんたんにピカピカになるので、おすすめですよ♪　使うものは、無印良品の「柄つきスポンジ」。それから重曹です。柄つきスポンジは、使っていくうちに傷んできたらスポンジだけを取り替えることができるので、長く愛用できます。スポンジは泡立ち、泡切れがよく、とっても扱いやすい！

　まず水筒を軽くスポンジで洗います。スポンジは、使い終わったら柄から外してしっかり乾かすのがポイント！　半乾きの状態が続くと、菌が発生しやすくなるそうです。

　次に、重曹を小さじ2杯ほど水筒に入れて、熱いお湯を半分くらいまで入れます。ふたをして水筒をよく振ります♪　その後は中をきれいに水洗いして完了!!

　慣れてくると2～3分程度でできます。今までいろいろな方法を試してきましたが、一番かんたんで、そして安全な方法です。

柄つきスポンジ

2017年 10月 23日

意外なアイテムの使い方

　キッチンタオルは、キッチンの引き出しに収納しています1。キッチンタオルだけでなく、はし置きも一緒に収納。現在はお気に入りのティータオルだけを収納しています。

　キッチンタオルに限らず、数を多く所有しているものは余裕を持って収納できるほうがいいかなと思います。「きっちり・ぴったり」は非常に気持ちがよいのですが、1枚でも増えたら取り出しにくくなってしまうんですよね（笑）。こちらも見た目はきっちり、ぴったり収まっていますが、1～2枚は追加できる程度のゆとりがあります。

　はし置きが入ったペンケースとティータオルの間にあって、ブックエンドのような役割を果たしているものが、無印良品の「キッチンペーパーホルダー」♪　本来はこんなふうにキッチンペーパーを冷蔵庫などに固定するための道具です2。

　キッチンの引き出しの底が琺瑯製でマグネットが付くので、ブックエンド代わりに使ってみました。これではし置きの入ったペンケースを取り出しても、タオルが倒れてくることはありません。

ABSキッチンペーパーホルダー

まどなおさん

madonao

10

家中の悩みを改善してくれるグッズばかり。

小さな建売住宅に4人暮らし。6歳と2歳の娘がいます。ブログでは、「小さい家でも自分の好きな場所にできる。収納が少なくても子どもがいても、すっきり暮らせる」をコンセプトに、注文住宅でなくても心地よい家にするための工夫を綴っています。無印良品・100均・ニトリなどのアイテムを使った、管理しやすくアレンジしやすい収納がモットーです。ファイルボックスとデスク内整理トレーを使った収納から無印良品にはまり、家中の色んな箇所の悩みに合ったグッズを探してきては、少しずつ改善していっています。

家族構成
夫、自分、長女6歳、次女2歳

住まい
4LDKの一戸建て

▶ 無印良品の好きなところ
収納用品のモジュールが統一されていて、無印良品のシェルフにバスケットや引き出しなど、色んなものがぴったりはまるので、組み合わせたり入れ替えたりしながら長く幅広く使えるところが最強です。それから、シンプルなところも。

▶ これから欲しいもの
新商品の「やわらかポリエチレンケース」を使ってみたいです。

➡「いつでも、HOME」
http://itsudemo-home.blog.jp/

▶ 2016年 10月 07日

キッチン用に小さい時計を

「デジタルタイマー時計」を買いました。アナログタイプとも迷ったんですが……。手のひらサイズと小さいけれど、時計機能に加えてタイマーとカレンダーも付いていて、なかなか機能的。キッチン用の時計にしたいなと思って購入してきました。

裏にマグネットが付いているので、冷蔵庫の側面に付けてみました。でも場所的にパッと見にくかったので、マグネット部分にマスキングテープ+両面テープを貼りまして、キッチンのサイドパネルにぺたっと貼りました。シンク横のキッチンクロスを掛けているタオルバーの隣に。油はねの心配もなくて、見やすさも問題なし。

両面テープを使うときは、マスキングテープを下に貼っておくと、剥がすときに残らずきれいに剥がせるので便利です♪

デジタルタイマー時計

2017年 03月 25日

ポリプロピレン製ホルダーが活躍中

ポリプロピレンCD・DVDホルダー・2段

子どもの「しまじろう」DVDや、フォトスタジオで撮影した写真DVD・幼稚園の行事DVDなどの収納は、DVDホルダーへ♪ たっぷり40枚収納できるので、1冊にまとめられて便利です。

子どものアニメDVDは1冊にまとめておくと、子どもが自分でペラペラめくって探せるので助かってます。フォトスタジオの写真DVDは全部同じデザイン。そのままだといつのものかわからないので、時系列順に並べて、ホルダーのポケットに「ピータッチ」で年月とイベント名をぺたり♪

DVDホルダー以外にもカードホルダーに診察券を入れたり、ハガキホルダーにお気に入りのポストカードを入れたり、無印良品のホルダーがどんどん増殖している我が家です。

2017年 04月 25日

見渡せる引き出し収納

ポリプロピレンケース引出式、ポリプロピレンデスク内整理トレー

ダイニングの向こうにある、リビング収納。リビングに造り付けの収納がない我が家は、ここにあるキャビネットに書類や文具、薬などを全て収納しています。

電池やピン、フックなどのこまごましたものを収納しているのが、引き出し式のポリプロピレンケース。以前、電池の収納について「パッケージのフィルムを剥がして保管すると放電しちゃいますよ」とコメントで教えていただいたので、その後は電池を買ってきたときに、フィルムを剥がさず保管するようにしています。あと、フィルムを剥がしていると、電極同士が触れたときに自然発火する恐れもあるということで……。

ここでは電池の向きをそろえて収納していたので電極同士が触れる心配はなかったんですが、捨てる前の使用済み電池の保管が適当だったので、こちらもセロテープで絶縁して保管するようにしました。

ここで仕分けに使っているのは、デスク内整理トレー♪ 種類ごとに分けて、引き出しを開けるだけで中身が全てパッと見渡せるので便利です。フックやピンなども、持っているものが把握できて、ムダ買いの防止にも♪

お弁当グッズの買いすぎを防止

我が家では、子どもとのお出かけにお弁当を持っていくときは、使い捨てできるものを使っています。安くて手軽に買える100円ショップのお弁当グッズが大活躍ですが、かわいいものを見付けるとついつい買ってしまって、思った以上にかさばったりなんてことも。

なので、お弁当グッズはファイルボックスを使った収納で、ここに入るだけと決めています♪　形も大きさも本当にさまざまなので、バラバラとまとまりにくいお弁当グッズ。ファイルボックスにまとめることで収納もすっきり♪

ランチパックと一緒に使う割りばしや使い捨てスプーンなども一緒に収納♪　EVAケースに入れてます。これは本当に使いやすくてお気に入り。サイズ展開も幅広く、スライダーが軽くてスッと楽に開け閉めできるので、子どものおもちゃなどにもおすすめです（P・63参照）。

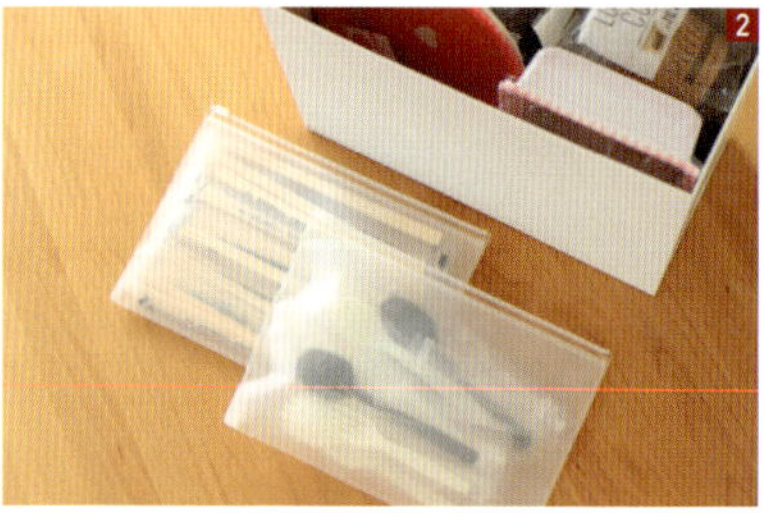

ポリプロピレンファイルボックス・スタンダードタイプ・ワイド、EVAケース・ファスナー付

カチッとはまるのが……

この間、メイクボックスの細長いタイプを買ってきました。今回これを使いたかったのはココ。洗面台下の引き出し！　観音開きの扉の収納に、これも無印良品の引き出しを入れています。この中に積み重ねボックスを入れて、歯ブラシやお泊りグッズなどのストックを整理。

細長くて浅いタイプのボックスは2段重ねにして、子どもの歯ブラシや仕上げ磨き用歯ブラシなどをそれぞれ分けて入れているんですが、このメイクボックスならポンと置くだけでカチッとはまるー♪　やっぱりこのあたりが、無印良品クオリティ！　ノンストレスです。

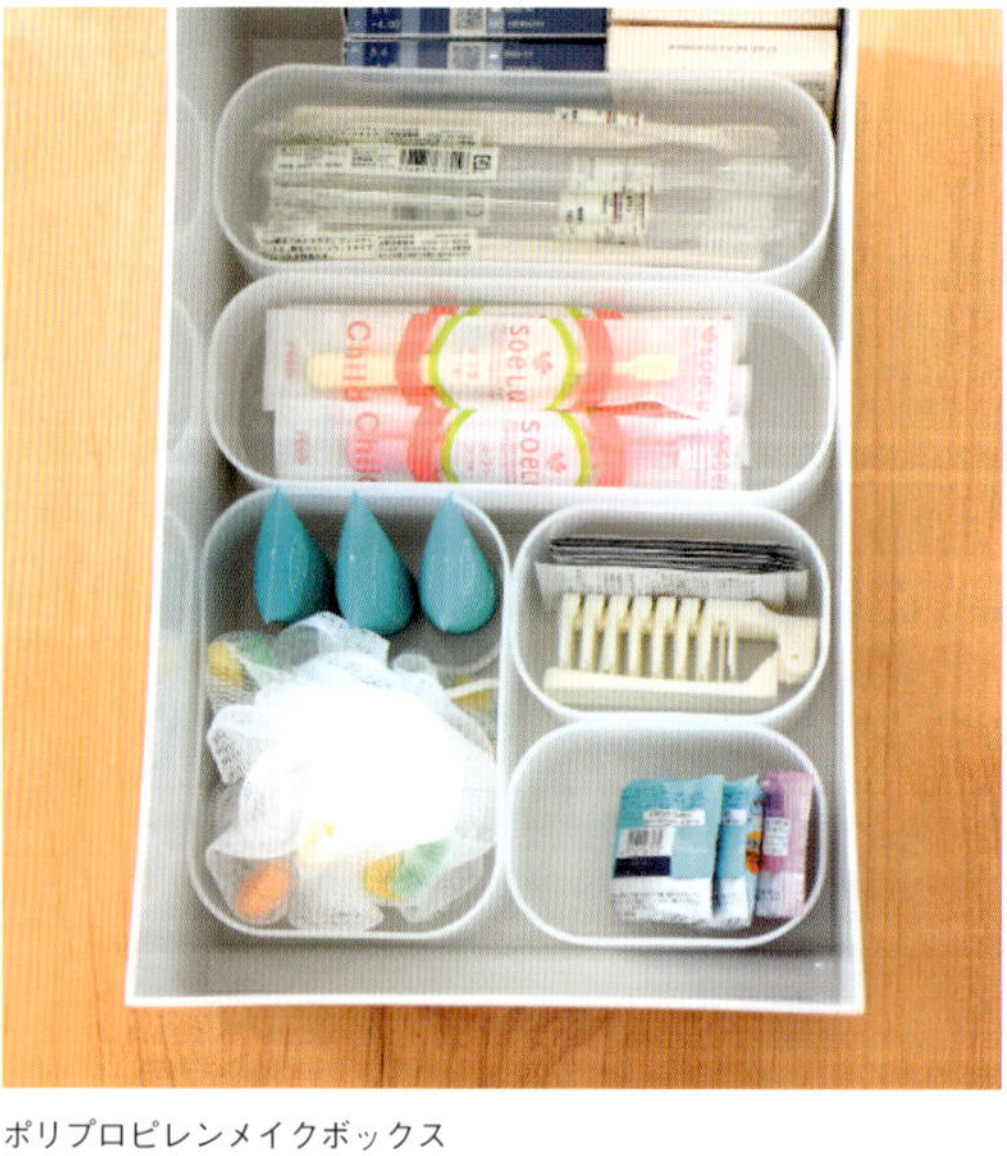

ポリプロピレンメイクボックス

2017年 09月 25日

せまい玄関をすっきりさせて

壁に付けられる家具、インテリアフレグランスセット、白磁トレー、壁に付けられるフレーム

小さな建売の我が家の玄関。かなーりせまくて、少し残念なところではあるんですが、でも、ちょっとでも広く使えるようにモノを減らしたり、収納方法を変えたりして、工夫しながらやっています。

でも、モノを飾ったりできる場所もなくて、かなーり殺風景。家の顔になる玄関、入ったときにときめくようなスペースも欲しいなという思いがずっとあって、殺風景な玄関を変えるべく、「壁に付けられる家具」をまとめて購入してみました！

何もない壁だったところに棚を付けて、ちょっと雑貨を飾ったりできるスペースに。持っている雑貨の種類があまりないので、ありあわせ的な感じなんですが、フレグランスを置いて。同じ白磁シリーズのトレーを置いて、鍵などの一時置き場にも。

一緒に購入した「壁に付けられるフレーム」には、バーズワーズの「Flowers」を入れて棚の上に取り付けました。反対側の壁には、同じ壁に付けられるシリーズのミラーを。このシリーズは穴がかんたんに補修できるほど小さいので、付け替えしやすいのも◎。直置きしていたほうきもフックに掛けてすっきり。

2017年 11月 18日

バラバラになりやすいものを整理

EVAケース・ファスナー付、色鉛筆、手動式鉛筆削り

子ども部屋の無印良品グッズは、絵合わせカードや、小さいサイズのジグソーパズル、ばらつきがちなシールなどをまとめるのに、「EVAケース・ファスナー付」を愛用しています1。ピースがバラバラにならず、何が入っているか見えるので便利です。薄くてかさばらないのもGOOD！

あと、春に購入して以来すごーく愛用している、色鉛筆2！これが、とっても使いやすくて。一般的な横並びに入っている色鉛筆だと、小さな子どもデスクの上でかなり場所をとってしまって、腕が当たってバーンとひっくり返したりということも多々あったんですが。

これは立てて入れるタイプだから、36色でもこのコンパクトさ♡　ぬりえ&お絵かき&お手紙が大好きで毎日使っていて、もう削れなくなるほどに小さくなってきたので、新しく買おうと思ってます。小さな机でも場所をとらず広々使えるので、快適にお絵かきを楽しめているようです。使いたい色の選びやすさも上々♪

ぱんくまさん

PANKUMA

11

使い方を押し付けないところが好き。

兵庫県在住、30代で夫と2人暮らし。インテリアブログ「SPOON HOME」を運営しており、北欧食器や収納アイデアなど「家で過ごす時間が楽しくなるモノやアイデア」をご紹介しています。収納方法を考えるときは「見た目の美しさ」と「使いやすさ」のバランスを重視。収納グッズの特性を理解したうえで収納アイデアを考え、取り入れるようにしています。無印良品の新商品チェックも好きです。

家族構成

夫と2人暮らし

住まい

3LDK分譲マンション

▶ 無印良品の好きなところ

無印良品の収納グッズは使い方を押し付けず、汎用性がある点が好きです。ひとつの収納グッズでどんな使い方ができるかを試しています。商品の販売期間が長いことが多いので、買い足しやすい点も大事。異なる収納シリーズでもサイズが統一されているので、組み合わせて使用しやすいです。

▶ これから欲しいもの

ポリエステル綿麻混・ソフトボックスシリーズ。

Instagram user name
「spoonhomeblog」
https://www.instagram.com/spoonhomeblog/

「SPOON HOME」
https://www.spoonhome.com/

▶ 2017年 03月 25日

たまりやすい試供品収納に

コスメの試供品やホテルのアメニティなどは、事前に整理をしておくと、より使いやすい収納を作ることができます。どんどん数が増えてくるので、「使わないかも?」と思った商品は処分するのがおすすめです。試供品やホテルアメニティの整理ポイントは、

●種類ごとに分ける
●使用しないサンプルは処分する
●外袋から取り出す
●化粧品サンプルは、早めに使い切るです。

無印良品のレタースタンドは、試供品の収納におすすめのアイテム。スリムなので洗面所に置きやすく、サッと取り出すことができます。フェイスマスクやトリートメント、入浴剤の置き場所としても活躍します。

アクリルレタースタンド

2017年 07月 15日

非常食の保管におすすめ

ポリプロピレン頑丈収納ボックス

「ポリプロピレン頑丈収納ボックス」は、屋外と屋内どちらでも使用できる収納用品。自宅での使用はもちろん、車のトランクやアウトドアでの荷物入れとしても重宝します。ややゴツめの見た目ですが、軽量で持ち運びしやすいのが特徴。

　持ち運びがしやすいボックスなので、お米など食料品のストック入れとしても活躍します。お米だけでなく、食料品のストック入れや非常食の保管ボックスとしても使用することができます。深さがあるので食料品がたくさん入り、食料品と水のペットボトルを一緒に保管しておくのもおすすめです。

　食料品以外にも、洗剤や日用品のストック入れとしても活躍。掃除道具をまとめて入れたり、雑誌や本を入れたりしても。

2017年 07月 29日

こまごましたアイテムをまとめて収納

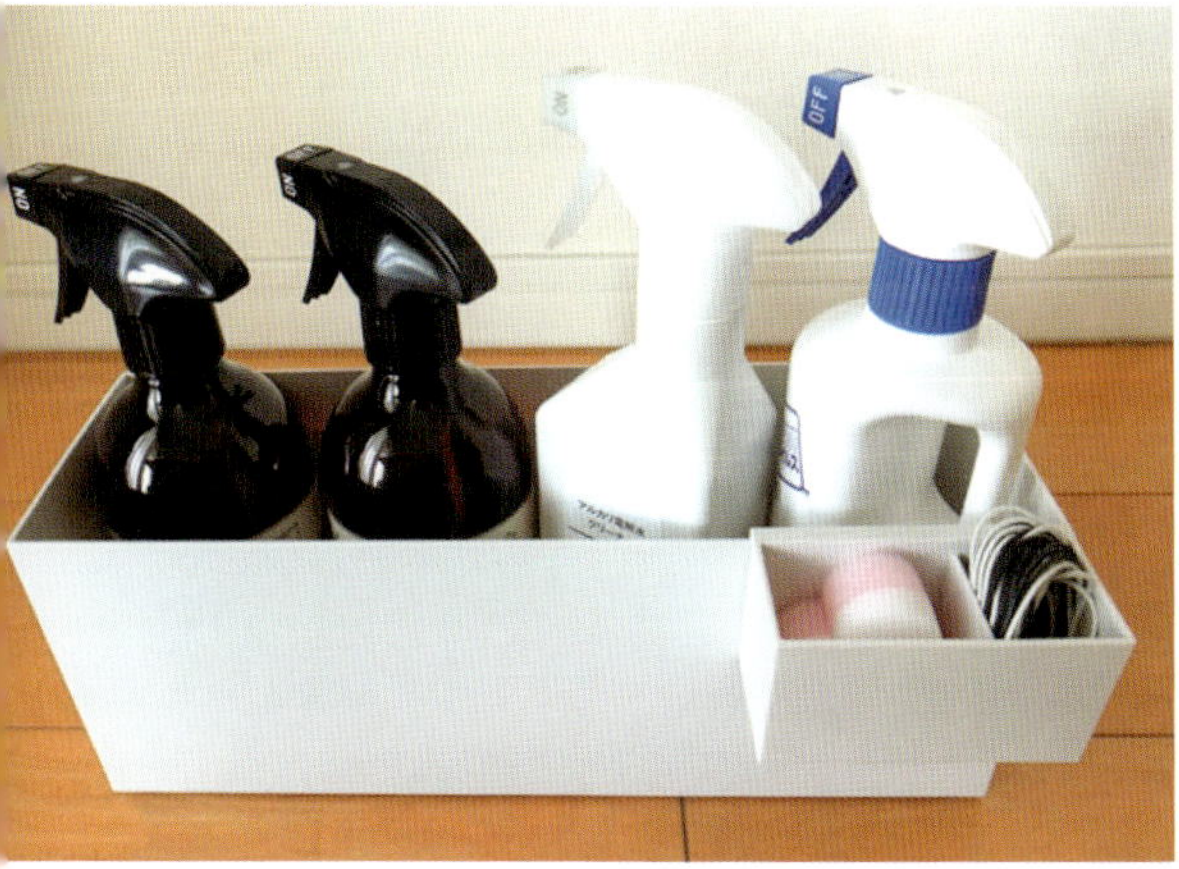

ポリプロピレンファイルボックス用・仕切付ポケット

無印良品のポリプロピレンファイルボックスに付けて使用できる、専用パーツ（ポケット）が登場しました。種類は全部で3タイプ。背面にはフックがついており、こちらをファイルボックスに掛けるだけで設置OKです。取り外しもかんたん。ファイルボックスの外側、内側のどちらに付けても使えます。

「ポリプロピレンファイルボックス・スタンダードタイプ・1／2」にスプレーボトルをまとめて収納しています。外側に「仕切付ポケット」を付け、輪ゴムやメラミンスポンジを入れました。掃除道具をまとめて整理できて、持ち運びもかんたん。

2017年 08月 18日

本やDVDも収納可能

引き出し式ポリプロピレンケースは、中の引き出しを丸ごと取り出すことができます。そのまま持ち運んだり、中を整理しやすいのがうれしいところ。また、水回りでも使用できる素材なので、キッチンや洗面所、リビングなど色んな場所で使用できますよね。

深型のケースは本やコミック、DVD、CDの収納に使用することができます。ホコリを避けて収納でき、ホワイトグレーのものは中身が見えないので散らかった印象になりません。

DVDについては、通常タイプのプラスチックパッケージは立てて収納することができました。限定版などボックスタイプのDVDやブルーレイは、高さがはみ出てしまうことがあるので、寝かせて収納するのがおすすめです。B6サイズの単行本も立てて収納可能。

本を寝かせて収納したい場合は、取り出しやすい浅型のケースがおすすめです。雑誌やカタログもすっきりと収納することができます。

ポリプロピレンケース・引出式

2017年 09月 12日

ブックエンドとして活用

無印良品のアクリル仕切棚は、縦スペースをうまく使って収納容量を増やすことができるアイテムです。

キッチンの吊り戸棚で食器やキッチン家電の収納に使うのもおすすめですが、デスク周りでも活躍します。

逆さにすると、ブックシェルフのように使用することができます。本来の使用目的とは異なりますが、透明タイプの収納グッズなので圧迫感がなく、きれいに本を収納することができました。

アクリル仕切棚

▶ 2017年 09月 25日

衣類収納にも使えるケース

２０１７年に発売された「やわらかポリエチレンケース」は、軽量でシンプルなデザインが魅力のアイテムです。サイズ展開も豊富で、別売りの専用ふたと組み合わせることもできます。

　ポリエチレン素材を使用している収納グッズなので、水回りでも使用しやすいのがうれしいポイントです。私は使用する前に除菌スプレー「パストリーゼ77」を吹きかけてから使用しています。汚れた場合も、ふきんでさっと拭きやすいです。

　色々な場面で使えますが、衣類収納もおすすめ。ふたが半透明なので中身が見やすく、持ち運びも楽チン。カットソーやセーターなどのトップスを収納する場合は、通常タイプの中サイズが重宝します。程よい高さで、服の出し入れがしやすいです。

やわらかポリエチレンケース

▶ 2017年 10月 23日

マステでデコレーションしても◎

シンプルなデザインが魅力のマグネットバー。ポリプロピレンファイルボックス用ポケットを引っ掛けられるので、冷蔵庫のドアなどにペンとメモ帳と一緒に置いておくと便利ですね。輪ゴムやクリップなどこまごましたアイテムを整理しても。

　玄関ドアに付けて、印鑑やリップクリームなどを入れておくのもよいですね。ハンコの出し入れがかんたんになって、重宝しています。

　無地のシンプルなマグネットバーですが、写真のようにマスキングテープでアレンジするのもおすすめです。直線なのでマスキングテープを貼りやすく、かんたんにアレンジすることができました。

マグネットバー

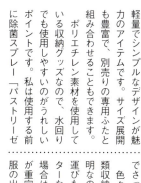

kao.さん

kao

12

シンプルで、合わせやすいアイテムが好き。

片付けは「自分を知るきっかけ作り」。家は楽にきれいをキープできるよう、モノを持ちすぎないことを意識しています。モノが増えてきたなと感じたときは「自分は何を持っていたいのか」「何を手放してもいいのか」を考えて取捨選択。片付けに限らず、生活のなかでも自分が何に喜怒哀楽や「好き・嫌い」を感じるかを知ることで、好きなこと、本当に大事にしたいことがわかってくる気がします。娘が赤ちゃんの頃に愛用していた、授乳ケープにもなるストールなど、無印良品のアイテムは収納用品以外でも思い出深いものが多いです。

家族構成

夫、私、娘10歳、息子4歳

住まい

築3年の一戸建て

▶ 無印良品の好きなところ

過剰な装飾を削ぎ落としたシンプルなデザインがどの場所にも合わせやすい。収納用品同士で規格が合わせやすいので、色んな場所に使い回せるところも重宝しています。

▶ これから欲しいもの

息子が大きくなったら、ベッドは無印良品のものを、と思っています。

Instagram user name
「kao_kurashi」
https://www.instagram.com/kao_kurashi/

▶ 2016年 11月 27日

ジャンルごとにポイポイ収納

ワンジャンル・ワンボックスのポイポイ収納が、ずぼらな私に合いました。パントリーに置いている無印良品のブリ材のかごには、左から

- ドリップパックやスティックタイプのコーヒー、お茶類
- エプロン
- 息子お弁当箱・お弁当袋・お弁当用カトラリー
- レジ袋

が入っています。

エプロンは軽く畳んでポイ、お弁当類はふたをしてポイ、レジ袋は丸めてポイ。ワンジャンルワンボックス収納は、ざくっと入れてもほかのものと混ざらないのが楽チンです」

重なるブリ材長方形ボックス

▶ 2017年 02月 10日

使いやすさ重視の収納

リビングクローゼットの一部。たわんでます。重さで棚がたわんでます。がんばれ棚板。

　家族がリビングダイニングで使いたいものは、大体ここに。グルーピングがイマイチな気もしますが、子どもがよく使うものは低い位置に置いて、ここにあると便利なもの達が入っています。

　その都度見直しは必要だなと思いますが、こだわりすぎないゆるい収納です。使いやすければいいのです♪

ポリプロピレンファイルボックス・スタンダードタイプ、ポリプロピレン小物収納ボックス6段、硬質パルプ・引出

▶ 2017年 03月 31日

扉を開けたくなる収納への第一歩

階段下の収納改善計画。構想2年（長い）。カオスな収納場所のひとつだった階段下を整理するため注文していた、無印良品のシェルフが昨日届きました。

　我が家の階段下は奥行きがあってほそーいタイプ。左奥も少しスペースがある凹凸の多い収納です。もうひたすら詰め込むだけの場所だったので、開けると変なオーラが出てくるようで。モノ達も居心地が悪かったことと思います（笑）。

　可動棚を付けるか、シェルフを入れるか随分検討したのですが、私はDIYが得意ではないのでやっぱり棚を入れたい。せまい場所なので奥行きができるだけないものを……。色んな棚を検討して、最終的に無印良品の奥行25㎝のユニットシェルフにしました。このくらいなら自分で組み立てできるし！　娘にちょこっと手伝ってもらいました。

　一番下には扇風機や石油ストーブを置きたかったので、棚は付けずに補強パーツのみです。かなりすっきりして、開けたくなる収納に一歩近付きました。

ステンレスユニットシェルフ

意外になじんだ木製家具

いつものお花屋さんにドウダンツツジがあったので連れてきました。そして、ちょこっと模様替え。

発見。ウォールナットの床でも、オークの家具がなじんでる。無印良品の家具って、ウォールナットの床には合わないのかなーと思っていたんですが、思っていたよりしっくり。

バーズワーズの額は、「針が細い画鋲」で設置しました。大雑把な性格なもので、一度刺す場所を失敗……。針が細いので跡があまり目立ちませんでした！見た目もシンプルで、すっきりした画鋲で、愛用しています。

無垢材ベンチ、超音波うるおいアロマディフューザー、針が細い画鋲

「がっしゃーん！」からの解放

洗濯機横に、以前はセリアのアイアンバーを壁に付けていました。押しピンで(笑)。ブラシなどの軽いものだけなら耐えられたんですが、洗濯ネットをたくさん使うので、それが重かったみたいで結局「がっしゃーん！」と落ちまして。やっぱり押しピンでは無理があった。

しばらくマグネットフックを付けていたのですが、やっぱり重さでズルズルと落ちる……。強力マグネットフックを買うか、洗濯機横にマグネットでつけられるバーを買うか、しばらく悩んで……。

「壁に付けられる家具」のフックを増やしました♪ もともとライトグレーのフックを付けていたところも、色をそろえてオークに。ライトグレーのフックは娘の部屋に付け替えました。木製フックがいくつか並ぶとかわいいですね。

「がっしゃーん！」や「ズルズル……」から解放されて、フックもかわいくて洗濯仕事がちょっと楽しくなりそうです♪

壁に付けられる家具

2017年 08月 04日

季節や気分でアレンジできる香り

Kiviのキャンドルホルダー×素焼きストーン×アロマオイル。

トイレにちょっといい香りを漂わせたいな。市販の芳香剤ではないものがいいなぁ。と、しばらく考えて落ち着いたのがこの形。季節や気分で、香りやKiviの色を手軽に変えられるのがいいなと♪ 素焼きストーンのコロンとした形もかわいいです。

トイレの収納兼ニッチ（飾り棚）のような部分に置いていますが、空きビンなどにストーンと防虫効果のあるオイルをたらして、クローゼットに入れておくのもいいなぁと思っています。

ひとまず木製トレーにまとめましたが、シルバーのトレーにのせても素敵かなぁと妄想中。

エッセンシャルオイル、素焼きストーン、木製角型トレー

2017年 08月 05日

娘と一緒に子ども部屋を片付け

机の上にモノが山積み、床の上にもモノが散乱していた娘の部屋……私が子どもの頃の部屋と一緒なので怒れない（笑）。でもさ、夏休みだし1回片付けてみない？ ということで娘と2人でお片付け！

①全部のモノを床に出して、②カテゴリに分け、③要・不要を判断する、④必要なものだけになったら、収納場所のホコリなどを取ってきれいにしてから収納していきます。1日では終わらず、2日かかりましたよ〜。

③の段階で必要なものに分類したものからも、④の段階でやっぱりいらないと判断するものがいくつかあって、随分モノが減ったんじゃないかな。すっきりしたところで、「デスク内整理トレー」で整理して、ラベリングもしてよりすっきり！

自分で必要なもの、好きなものを選んでもらった部屋は空気も澄んだ気がします。娘も部屋が「気持ちいい〜」と言ってくれました。

無垢材デスク、ワーキングチェア、ポリプロピレンデスク内整理トレー

emiさん

emi

13

無機質のようで、暖かみのあるデザイン。

福岡市在住で、サービス業をしています。家族が集う空間を大切にしたい。子ども達が成長していっても、必ず家族が顔を合わせて挨拶を交わせたらいいなという思いで、家を作るときに、お風呂場と洗面所をリビングから直接行く動線にしました。家族が気持ちよく暮らせる空間を考えるうちに、収納を見直すようになりました。家族が一番落ち着く空間が我が家であったらいいな。そんな思いで今の暮らしを作っています。

家族構成

夫、私、息子11歳、娘8歳の4人暮らしです

住まい

2階建ての5LDK（101㎡）、築4年

▶ 無印良品の好きなところ

デザインに余計なものがなくシンプルなところ。どんな空間、テイストにも取り入れやすいので、今後自分の好きなテイストが変わってもなじみ続けるであろうところ。無機質のようで温かみがあるデザイン。手頃な値段にもかかわらず、質がよい。

▶ これから欲しいもの

掃除用品システム・木製ポール、無垢材ベンチ。

Instagram user name

「emiyuto」

https://www.instagram.com/emiyuto/

▶ 2017年 03月 07日

おもちゃスペースもすっきり

和室にある子どものおもちゃスペース。今までは無印良品のパイン材のシェルフと、スタッキングシェルフの2つにおもちゃを入れていました。お雛様を飾ったときにパイン材のシェルフは一時的に2階へ持っていきました。結局、そのまま和室はスタッキングシェルフのみに集約させようかと。子ども達が帰宅したら、おもちゃの選別をさせよう！」

スタッキングシェルフ、ポリエステル綿麻混・ソフトボックス

▶ 2017年 04月 01日

新しい歯ブラシの使い心地

今日から4月。あっという間ですね。

我が家では毎月1日に歯ブラシを交換します。新作の無印良品の歯ブラシに。以前のものよりもヘッドが小さくなったので、子ども達にも使えて◎。

朝、使ってみたけれど、ヘッドが小さくて大人はもの足りなさを感じるかも？ と思ったけれど、私は小回りが利いて磨きやすかったです。

歯磨き粉はインスタグラムで知って、真似っこした「ひっかけるワイヤークリップ」で引っ掛けるようにしたら、転がってることがなくなりプチストレスが解消されました。

歯ブラシ・4色セット、磁器歯ブラシスタンド　1本用、ステンレスひっかけるワイヤークリップ　など

▶ 2017年 04月 15日

自分で準備できるように

洗面所の収納。娘用の踏み台を先日カインズで買いました。今までダイソーのふた付きボックスと同色のブルーの踏み台を使っていたのですが、娘の体重に耐えかねた踏み台が壊れてしまいまして。踏み台は引っ掛け収納です。引っ掛けておいたら掃除がしやすい♪

無印良品のストッカーの一番上の引き出しには、娘の髪ゴムなどを。洗面所で娘の髪をセットするので、くしやパパッと使えるゴムなどを収納しています。一番奥には子ども用の口焼け止めを入れて。ここなら子ども達が自分で出して塗れるので一。

2段目、3段目は息子、娘のそれぞれの靴下、ハンカチ、給食用巾着&ナプキンを入れています（写真）。もちろん、自分で準備（笑）。4段目はドライヤー入れです。

ポリプロピレンストッカーキャスター付、スチール仕切板

▶ 2017年 06月 16日

リネンはやっぱり気持ちいい！

夏用寝具。ニトリにするかー、ベルメゾンにするかー、やっぱり無印良品にするかー、で悩んでいました。

ずーーっと欲しかった無印良品の麻平織の寝具を家族分購入しちゃいました！

昨日水通しして早速使ってみました。なんて、気持ちいいの！この触り心地たまりません！夏の寝苦しい夜も乗りきれそうー！　リネン、やっぱりおすすめーーー！

麻平織ボックスシーツ

▶ 2017年 07月 25日

冷蔵庫も見た目をそろえて

冷蔵庫のサイド収納をやっとすっきり化！　液体の調味料をセラーメイトの「これは便利調味料びん」に詰め替えました。調味料の詰め替えって微妙に面倒だったりするけど、見た目はそろえたいなーと悩んでてやっとたどり着きましたー。このビンは500mlなので、調味料を全量詰め替えできて、とにかく洗いやすいのがいい！

これを機に、冷蔵庫で保存している薄力粉と強力粉を入れている「フレッシュロック」のパッキンもやっと白に。自己満足だけど、白のほうが断然いいな。

ちなみに飲料はルイボスティーに麦茶、牛乳。ルイボスティーと麦茶は無印良品の耐熱ガラスピッチャーに。耐熱ガラスピッチャーは熱湯を入れられていいのです。でも麦茶はそれだけじゃ足りないから無印良品の横置きできる冷水筒でも作っています。牛乳は詰め替えも考えたけど、とりあえずはパックのまま。

耐熱ガラスピッチャー

2017年 09月 12日

引き出しを薬箱に

リビングにある無印良品の棚。その引き出しは我が家の薬箱です。

こまごましたものは「デスク内整理トレー」で仕切って入れてます。深さがある引き出しなので、最近、2段にして色の強いもの（旦那の「サロンパス」の塗り薬とか！）を下段にしまい込みました。トレーが半透明で下が透けるので、カッティングシートを貼りました♪

反対側の引き出しにはマスク、絆創膏、子ども達の鼻炎の薬。あとはリモコンもここに入れています♪ テレビを見ているとき以外は、リモコンの出しっぱなしは厳禁です。

オーク材キャビネット・木製扉、デスク内整理トレー

2017年 09月 30日

ひと手間でさらにおいしい

今日のおやつはバターバウム。ちょっとトースターで温めると、さっくりしてさらにおいしい……。材料もシンプルなので、純粋においしい。

ついついお菓子を買っちゃうー。150円のウエハースも子ども達が好きでリピ買いしてます♪

バターバウム

あゆみさん 14

Ayumi

オーク材と白っぽい色味がすごく好き。

仙台に住んでいる30代の主婦です。「もっとこうしたほうが暮らしやすいかも!?」と思ったら、すぐ実行。家族それぞれが自立して、みんなが暮らしやすい住まい作りを目指しています。中学高校の頃に無印良品の文房具にハマり、大学卒業後に1人暮らしを始めてからは生活用品を中心に買っていました。サーキュレーターはそのときに購入し、今も使っています。11年目になりました。現在は悪天候の日に、サンルームで洗濯物を乾かすのに使っています。

家族構成

夫40歳、自分34歳、長女7歳（小1）、長男5歳（年中）

住まい

築4年の建売一戸建て、4LDK

▶ 無印良品の好きなところ

オーク材と半透明やホワイトグレーの色味がすごく好きで、無印良品のイメージはまさにこれ！　という感じ。今まで生活してきて、結局手元に残るのはシンプルなもの。飽きずに長く使えるアイテムがたくさんあるのがお気に入り。

▶ これから欲しいもの

鳩時計、現在テレビ台にしているスタッキングシェルフのパーツ（扉や引き出し）。

Instagram user name

「ayucccchiii」

https://www.instagram.com/ayucccchiii/

▶ 2016年 06月 08日

お出かけグッズを玄関に

玄関マットを取りはらったら、玄関が広くなった感じ（写ってないけど）。「壁に付けられる家具」シリーズが大好きで、色んなところにあります。玄関にはフックを。鍵や幼稚園の名札などを引っ掛けてます。日中はバッグもここに。

壁に付けられる家具

2016年 09月 22日

「ウタマロ石けん」の定位置

インスタグラムで見かけた、無印良品の石けんケース。「ウタマロ石けん」置きとして、やっとしっくりくるものに出会えたー♡

いつもは、ほかのふたがない石けん置きに置いていたので、ふたが付いていてどこにでも置けるようになってテンションが上がりました。

「ウタマロ石けん」で子どもが汚したものをガシガシ洗ってます。

ポリプロピレンフタ付石けん置き

2016年 12月 08日

忘れないようラベリング

最近は食材の収納方法を見直し中です。気付いたら「賞味期限切れてたー！」ってことがないように、ラベリングをして在庫管理。ここに入らない分は買わないようにします。

シンク下にあまり置きたくないけど、ここしかないのでしょうがない！　除湿剤を置けば少しはマシかな？　しかし。ラベルの「その他」の項目が逃げに走ってる気がして納得できず（笑）。考え直そう！

奥にチラッと写っているボックスには、パスタや乾麺、カップラーメンなどの麺類を入れています。

EVAケース・ファスナー付

2017年 03月 16日

使いやすさを重視して

カトラリースタンドの大と小を買いました。

ここには以前はよく使うものだけを出していて、2軍はしまっていたのですが、やはり置く場所を統一したほうが、使うときもしまうときも使いやすいのだと気付きました。

見た目的にはここに出ているのは少ないほうがいいけど、使いやすさを重視してみました。

ちなみに、少し前に買った計量スプーンは、大さじの中に½の目盛りがあり、柄が長く、とっても使いやすいです。

磁器ベージュカトラリースタンド、磁器ベージュキッチンツールスタンド

2017年 03月 22日

苦手なお風呂掃除

苦手なお風呂掃除。今日は換気扇のふたを取って、がっつりお掃除しました。換気扇は写真の右のほうにありますが、写ってません(笑)。

久しぶりに掃除した換気扇の中はすごいことに……。床にカビがあるより天井にカビがあるほうが、カビの胞子が上から降ってきて広がりやすいそうで、しっかりやっつけました。

週1くらいで「パストリーゼ77」でこうやって天井を拭くのですが、換気扇内が汚れまくっていたので、今までの行為は意味なかったみたいです(笑)。これからはこまめに換気扇も見るようにします～(泣)。

掃除用品システム・アルミ伸縮式ポール、掃除用品システム・フローリングモップ

排水ホースの目隠しに

ポリプロピレン収納ラックの深型を買い足しました。洗濯機の排水ホースが、なんとも微妙な位置にある我が家。洗濯機を縦に置くと左右に微妙なスペースがあり、使い勝手が悪く、思いきって横に置いています。

ただ、排水ホースが丸見えだったので、不意に思い付いたこの方法で、隠すことに成功しました！ ラックの高さが高すぎる結果になり、そこだけがミス！

一番上の段はパジャマを置くスペースになってます。あとは子ども達が踏み台がなくても歯磨きできるように、歯ブラシと歯磨き粉を取りやすい位置へ移動。娘は「泡が出ないとやだ」、息子は「ジェルタイプじゃなきゃやだ」と面倒くさい姉弟です。

ポリプロピレン収納ラック、ポリプロピレン収納ケース用キャスター

下駄箱収納もわかりやすく

甥っ子が遊びにきて、子ども達と遊んでくれてるので、今日は帰省前の掃除がはかどりました。って、しょっちゅう帰省しているのだけど……(笑)。

2階の水拭きに庭の芝刈り、下駄箱収納の見直し。下駄箱は靴以外に、主に玄関や外で使うものを収納しています。

- 掃除、洗濯／外で使う洗濯バサミや窓用スキージー
- 車関係／洗車グッズなど
- 虫関係／殺虫剤など
- 靴関係／靴磨きなど
- 園芸用品／肥料や麻ひもなど
- 学校関係／学校や園に行くときに使う携帯スリッパ
- その他／外の物置の鍵や「チャッカマン」、ハサミなど

それぞれ用途別に分けて、私以外が使うときもすぐにわかるようにしています。

ポリプロピレンファイルボックス・スタンダードタイプ、ポリプロピレン収納キャリーボックス・ワイド

みほさん 15
miho

好きなときに買い足しできる。

兵庫県在住。30代後半の主婦です。面倒くさがりなので、見た目はすっきりしたいけれどなるべく無理しすぎない収納や片付けができるように心掛けています。ひとつひとつのモノの収納場所だけは、きちんと決めておき、気が付いたときにさっと片付けるようにしています。特に子育ての方針などはないですが、毎日穏やかに楽しく子どもと過ごすことができたらいいなと思っています。部屋がちらかるとついイライラしちゃったりすることもあるので、そうならないためにも日々収納や片付け方法を考えています。

家族構成
夫、自分、娘3歳

住まい
築3年の4LDK

▶ 無印良品の好きなところ
商品の入れ替えが少ないので、好きなときに好きな数だけ買い足しできるところ。デザインもシンプルで飽きがこず、長く使えるところ。

▶ これから欲しいもの
超音波アロマディフューザー。

Instagram user name
「mihomuchacha」
https://www.instagram.com/mihomuchacha/

▶ 2016年 09月 16日

小皿はバスケットにまとめて

食器棚の整理を久々に。
小さいお皿を無印良品のブリ材バスケットにまとめてみたら、少しすっきりしました。
食器棚も無印良品。下のほうの段だと、やはりしゃがまないと取りづらいですが……でも個人的には使い勝手が悪いと感じたことはないですし、この食器棚にしてよかったなと思っています。

オーク材キャビネット・ガラス扉、重なるブリ材長方形バスケット

▶ 2017年 01月 23日

薬も細かく分類して使いやすく

我が家の薬類は、無印良品のポリプロピレンケースとニトリのインボックスの、合計4つに分けて収納中です。

無印良品のケースには、一段目に塗り薬や体温計など割と大きめのものを収納。引き出し内は100均の仕切りケースを使って。横の余ったスペースにはメイクボックスに体温計、同じくポリプロピレン救急用品ケースに絆創膏を収納しています。その横にはマスクです。

薬も文房具と同様に、適当にひとつのかごにまとめ入れているだけの収納だったのですが、細かく分けることで格段に使いやすくなりました。

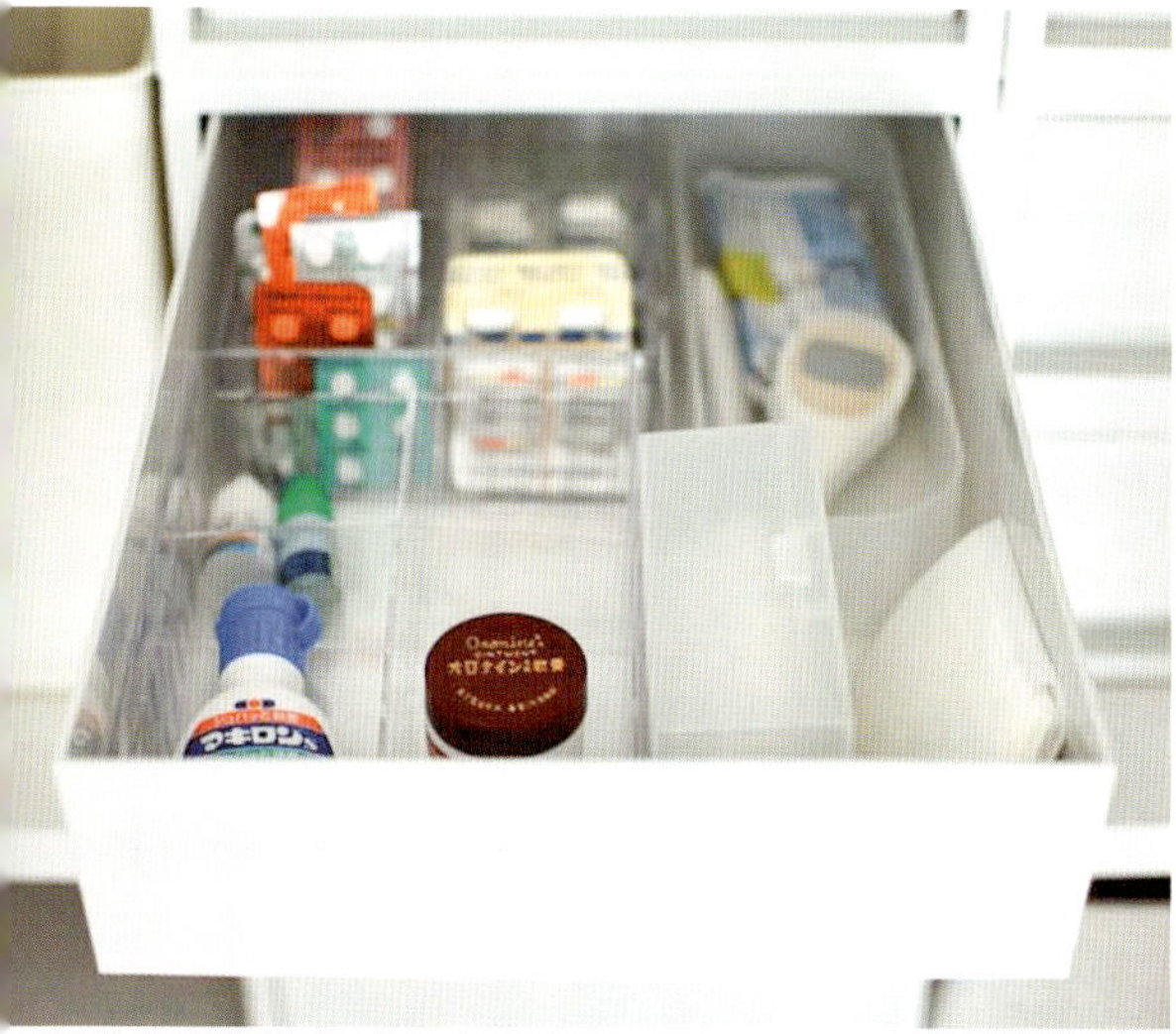

ポリプロピレンケース・引出式、ポリプロピレンメイクボックス

▶ 2017年 02月 14日

マキタの掃除機の置き場所

マキタの掃除機は自立できないので、無印良品の木製フックに引っ掛けてます。

かわいい雑貨屋さんで専用スタンドを売っているのを見かけ、それも気になったのですが、とりあえずはこの収納法でいきます。

壁に付けられる家具、ポリプロピレンケース・引出式、18-8ステンレスワイヤーバスケット

▶ 2017年 03月 13日

ポリプロピレン頑丈収納ボックス

ストック入れに重宝

我が家の洗面所収納。一番下段、写真の手前にあるポリプロピレン頑丈収納ボックスがとてもいいです。

頑丈ボックスの中には、ラップやゴミ袋、洗剤などの台所用品ストックが入っています。たくさん入るのでストック場所として重宝してます。我が家はキッチン横にすぐ洗面所があるので、すぐに取り出せるのでちょうどいい感じです。

ただ、ストックを目一杯収納しているので、めちゃくちゃ重い。

▶ 2017年 04月 15日

出かけるときに使いやすい場所へ

玄関にリュックを掛けるスペースを設置。無印良品の三連ハンガーです。

壁に付けられる家具

2017年 05月 05日

洗面台下の収納を見直し

洗面台の下部分の収納を見直しました。

無印良品のファイルボックスの中にはお風呂用品のストック。液体洗剤、柔軟剤、おしゃれ着洗い用洗剤は、ネット通販で見付けた容器に移し替えて。

洗剤を置いている仕切りは無印良品のアクリル仕切棚です。スペースを有効活用できて便利。

ポリプロピレンファイルボックス・スタンダードタイプ、アクリル仕切棚

2017年 08月 25日

調理道具をざっくり収納して

無印良品の食器棚。ガラス戸ではないほうの収納です。

几帳面とはほど遠い性格なので、かなりざっくり収納ですが、ジャンルを決めてファイルボックスやかごで区切ることで、片付けが楽になりました。

ファイルボックスの中は、ぽいぽいっと適当に放り込んでいて、本当に大雑把な収納です。

真ん中のファイルボックスには、米びつに入りきらなかったお米（約5kg分）を。行き場がなかったので、とりあえずここに収納してます。

ポリプロピレンファイルボックス・スタンダードタイプ

gomarimomoさん 16

gomarimomo

シンプルさのなかにある、親しみやすさとおしゃれさ。

都内に住む30代の専業主婦です。面倒くさがりなので、モノを減らすことで家事の負担を減らしています。「テトリス」などのパズル系ゲームが好きなので、整理整頓は好きです。家族がリラックスして過ごせるような部屋作りを目指しています。中学から高校生の頃、無印良品のビデオデッキ付テレビを買いました。シンプルなグレーのカラーとデザインがすごく素敵で、ひと目惚れ。ほかのテレビでは納得できず、どうしても無印良品の「テレビデオ」が欲しくて、お年玉をはたいて購入した思い出のアイテムです。壊れるまで長年愛用していました。

家族構成

夫、自分、長女20歳、次女0歳、ねこ3匹

住まい

3LDKの分譲マンション

▶ 無印良品の好きなところ

シンプルでいて親しみやすさとおしゃれさのバランスが素晴らしいところ。

▶ これから欲しいもの

木製のおままごとキッチン。

➡ Instagram user name
「gomarimomo」
https://www.instagram.com/gomarimomo/

▶ 2017年 06月 29日

ベビー用スプーンの持ち運びに

離乳食で使うベビー用カトラリーのケース。外で食べさせるときに必要ですよね。いいものはないかと探した結果、無印良品のペンケースがぴったりでした。シンプルで軽くて安価で、言うことなし。

入っているスプーンは「エジソン」のものです。白さと食べさせやすさでセレクトしました（私は使っていませんが、水色のケースが付属しています）。

ポリプロピレンペンケース（横型）

2017年 08月 02日

コンタクトレンズを入れて

携帯用コンタクトレンズのケース。夫はコンタクトレンズを忘れて出勤することがよくあります。そのために取りに戻ることもしばしば。なので、コンタクトレンズのスペアを常にカバンに入れておくことを提案しました。

無印良品の「小型石鹸ケース」が「ワンデーアキュビュー」にちょうどいいサイズ。ただ、ケースの大きさに余裕がないので、レンズ同士を互い違いに入れる感じです。これで2組収納することができます。旅行やプールへ行くときなどにも、コンパクトに持ち運べていいと思います。

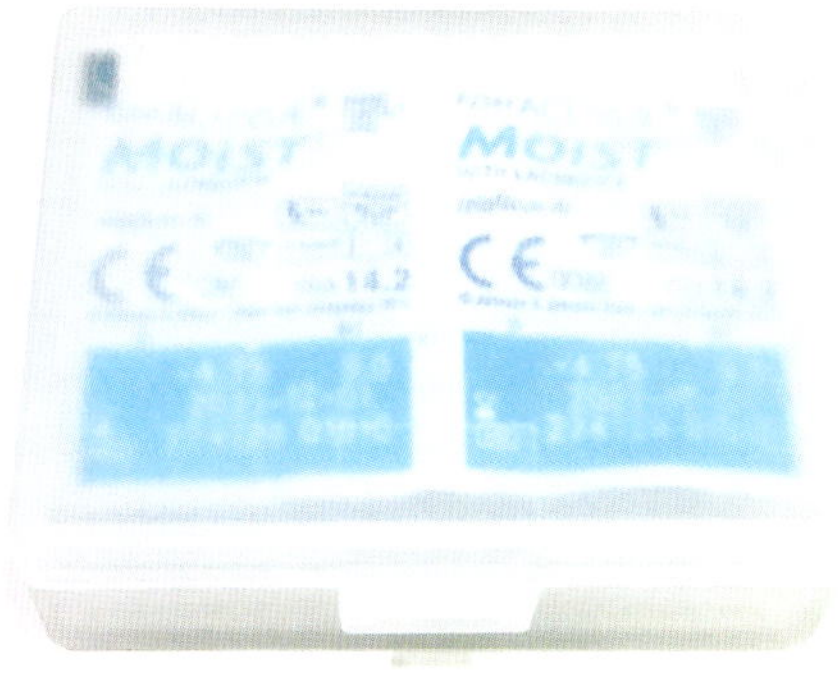

ポリプロピレン小型石鹸ケース

2017年 08月 29日

ばらけがちなアイテムをまとめて

ダイソンの掃除機ツールの収納。形がバラバラでまとめにくいツールを、無印良品の「吊るせる収納・小物ポケット」へ。ツールのサイズが、ちょうどこちらにぴったり。メッシュだからひと目で必要なツールが見付かり、ポケット式なのでワンアクションで取り出せて便利。

裏側には大きめのポケットがあるので、取扱説明書を収納しました。これを掃除機のすぐそばに吊るして収納しています。

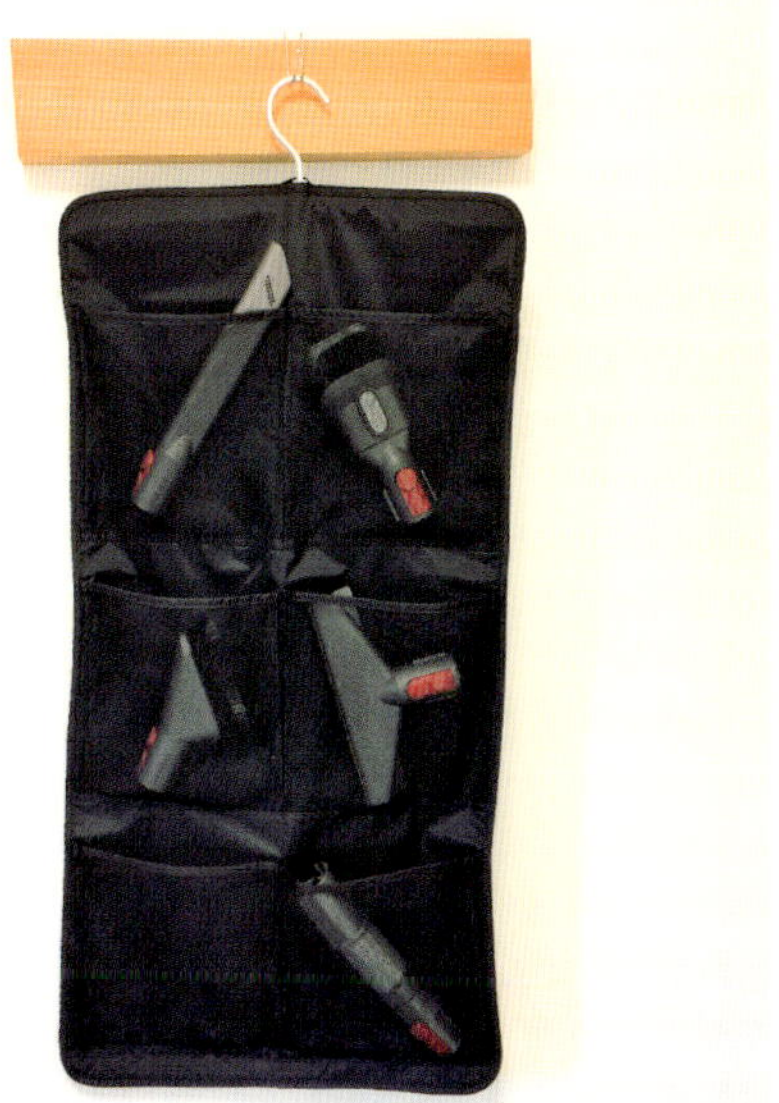

吊るせる収納・
小物ポケット

2017年 08月 31日

便利さと「もしも」のために

ちょっとした備え。無印良品のケースに小銭を入れて、家に置いています。右側の小さいケースは持ち歩いているコインケース代わりのもの。

買い物はほぼクレジットカードと電子マネーで支払うのですが、やむを得ず小銭が増えてしまった場合は、帰宅してからケースに小銭を移しています。

この小銭入りケースがあると、集金やデリバリーの支払い時などにぴったりとお金が用意できるので便利です。

もしもの災害時には小銭があるといいらしいので、その備えとしても。ある程度小銭がたまったら銀行へ持っていき、口座に入れてリセットしています。

ポリプロピレンピル・ピアスケース

2017年 09月 06日

ひと手間で使いやすくなります

ファイルボックスをひと手間で便利に。ファイルボックスハーフに食器洗い洗剤、ディスポーザーのふた、スポンジをまとめて、シンク下収納に置いています。これらは食器洗いの際に必ず使う3点です。

ファイルボックスにそのまま入れるだけだと、引き出しの開け閉めの際に中身が動いてグチャグチャになってしまうので、100均でミニブックスタンドを調達し、両面テープで固定しました。これで中身がきちんと収まります。

ファイルボックスは仕切りがないので、倒れやすいものを入れるときはこんな風にブックスタンドなどの仕切りを使うとぐっと使いやすくなります。

ポリプロピレンファイルボックス・スタンダードタイプ・1/2

ポーチに携帯ゲーム機を収納

ゲーム機の収納。「ドラクエ11」をやりたいがために、数年前に一度手放したDSをまた購入しました。前は「3DSLL」でしたが今回は「2DSLL」に。3D機能はいらなかったのでうれしい。

ゲーム機用の収納ポーチは好みのものがないので、無印良品のポーチで代用。新発売の「ブック型ポーチ」です。サイズがちょうどよく、仕切りに充電器やソフトが入りました（ゲーム機用ではないのでクッション性を重視する方には不向きかもしれません）。

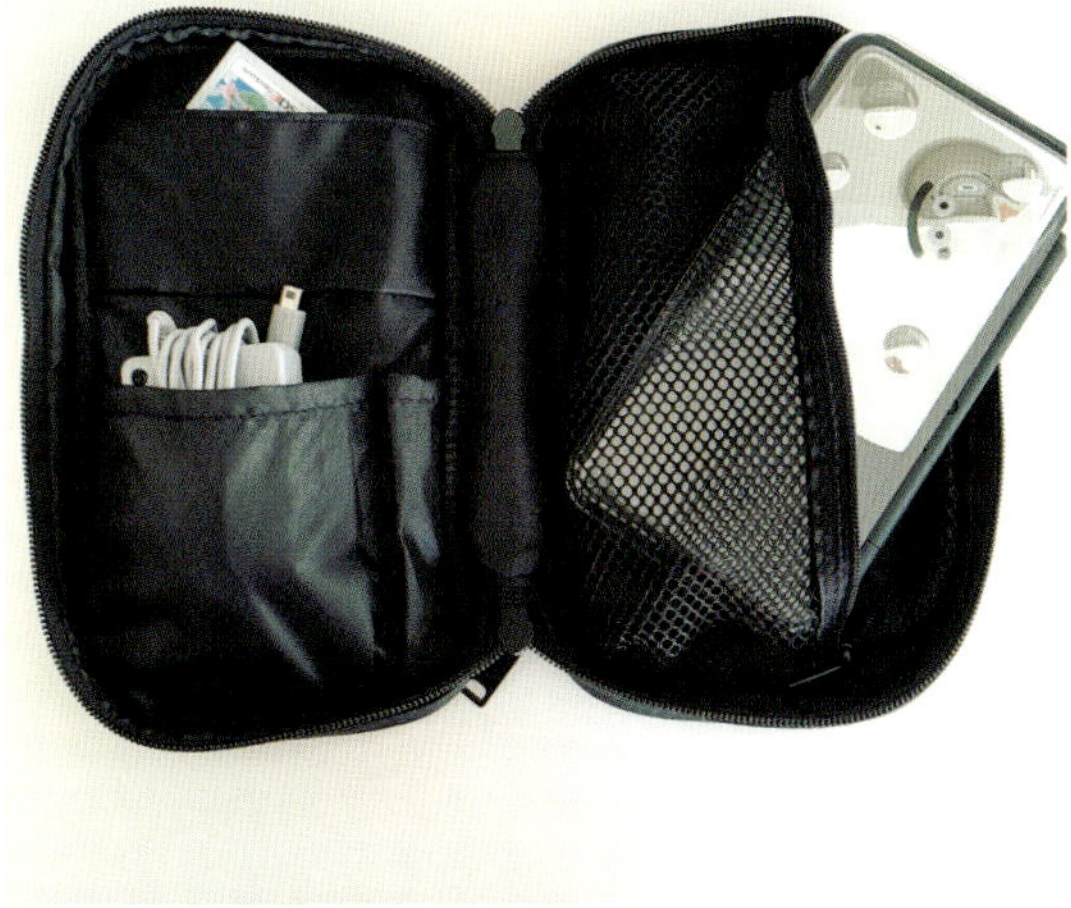

ナイロンブック型ポーチ

シート用ケースを活用

コンロ下の収納。シンク下にビルトイン食洗機を導入したので、以前使っていた3段分の引き出し収納がなくなりました。モノを移動したり断捨離したりで大幅に変更。

変更後、コンロ下の深引き出しには鍋類、キッチンツール、調理油などをまとめています1。無印良品のファイルボックスなどで鍋やふたなどを収納。キッチンツールはツールスタンドに入れてから、ファイルボックスに。調理のときはスタンドごと調理台に出し、使い終えたらボックスへ戻しています。

シート用ケースには、使い捨てゴム手袋を2。ティッシュのように取り出せるので便利です。

1

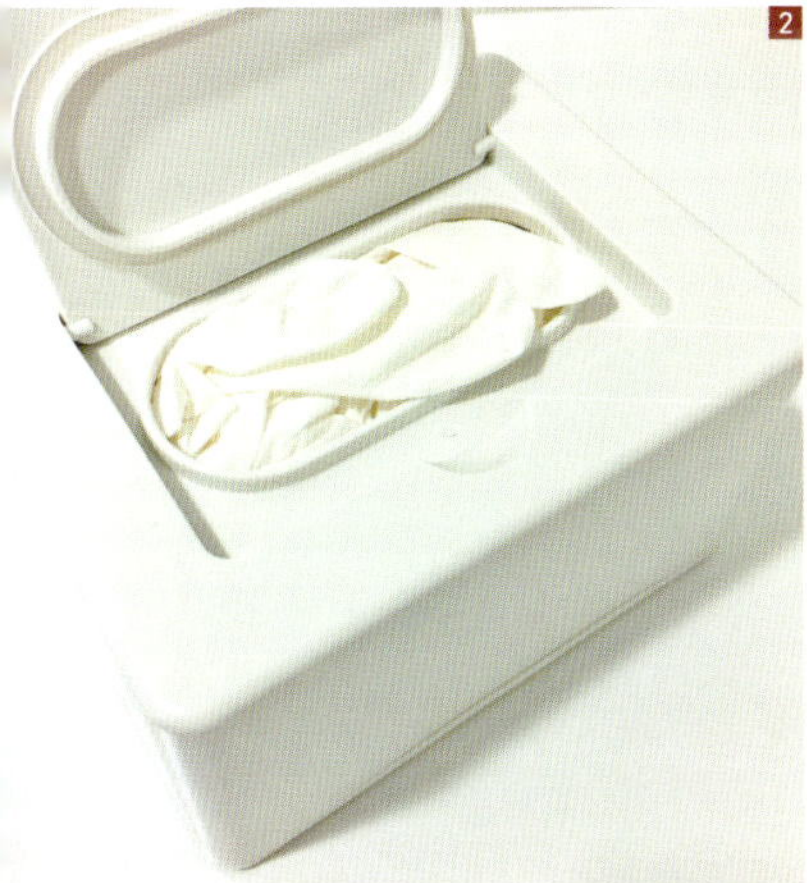

2

シート用ケース

kanaさん 17
kana

7人家族、転勤族の暮らしにもフィット。

滋賀県在住。4姉妹（10歳、7歳の双子、4歳）にトイプードル、合計7人家族暮らしでもシンプル、スマートに（手抜き）家事をこなし、子育てや自分のことも楽しみたいです。転勤族だった我が家。住む家によって収納の方法を変えなければいけなかったとき、無印良品で衣類ケースやボックスをそろえることができて、どこでも使いやすく、助かりました。定番商品は規格が変わらないので、買い足しやすいのも便利です。

家族構成
夫、自分、長女10歳、次女7歳、三女7歳、四女4歳、トイプードル1歳

住まい
4LDKの持ち家、築3年

▶ 無印良品の好きなところ
無印良品の商品は、ライフスタイルが変わっても使い続けられるところが魅力です。

Instagram user name
「ka_nago」
https://www.instagram.com/ka_nago/

▶ 2017年 04月 29日

かゆいところに手が届くブラシ

お気に入りのホルムガードの「フローラ」（花びん）達。口がせまく洗いにくいのが悩みでした。

無印良品で見付けた、先が曲がった小さいブラシ。ホルムガードフローラの専用なのかと思うくらいかゆいところに手が届くブラシです。曇りもなくすっきりしました。

隅まで洗えるボトル用ブラシ

2017年 06月 12日

ポリエステル綿麻混・ソフトボックス

中身がわかるようにひと工夫

無印良品のソフトボックスには、おもちゃがざっくりと収納されています。

我が家では、中に入れているおもちゃの写真を撮り、100均のクリアカードに入れて穴を開け、100均の結束バンドで吊るしています。

ひと手間かけることでモノの住所がわかり、大人も子ども達も片付けやすく楽になります。

2017年 06月 14日

18-8ステンレスワイヤーバスケット

さびにくいので使いやすい

無印良品の「ステンレスワイヤーバスケット」が、コップの置き場所です。半乾きでもさびにくいので、すぐ片付けられます。

子ども達だけでも、隣にあるウォーターサーバーのお水を勝手に入れて、飲んでくれます。

3歳の四女は割れないメラミン製のコップです。

▶ 2017年 06月 27日

階段下の収納を見直し

ポリプロピレンケース・引出式

使いにくかった階段下の収納を見直しました。無印良品の収納ケースに、ダイソーの白厚紙を表にはさみ、すっきりして気持ちいいです。

何が収納してあるか。我が家のダンボールや古新聞は階段下にあるので、ひもなどのセットをこちらに収納しています。

また、電池や母子手帳、「お名前スタンプねいみー」、工具など、毎日は使わないものを収納しています。

▶ 2017年 07月 25日

準備も楽に、旅先でも楽に使える

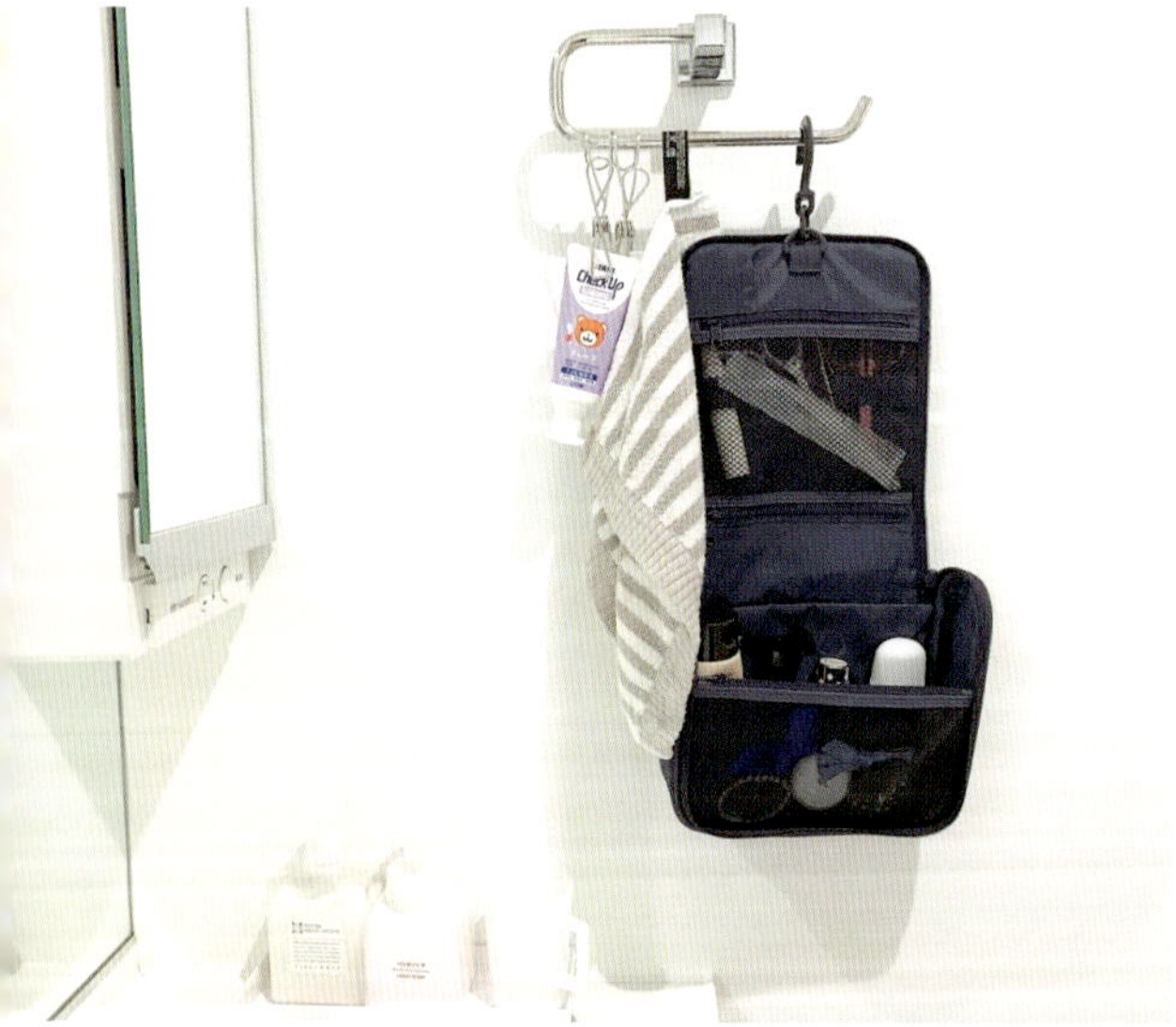
ポリエステル吊して使える洗面用具ケース

メイクボックスを整理しなおして、いらないものを処分しました。

無印良品の「ポリエステル吊して使える洗面用具ケース」の化粧ポーチは、吊るして使うことで使いやすく、取りやすい高さになりました。旅行の準備も、旅先でも楽に使えました。

メッシュのポケット2つには、頻繁には使わないものを収納しました。真ん中のズボッと入る大きなポケットには、毎日使う化粧品のみ収納。ゴムの仕切りで中の小物が倒れず、取りやすいのがお気に入りです。

2017年 07月 29日

家事が楽にできる工夫

土曜日の朝もこの位置から始まる。寝ぼけながら、踏み台と引き出しをコロコロと動かして、面倒な作業を楽にかんたんに。10分あれば終了。次は乾燥機にかけられない服の洗濯をスタート。

ポリプロピレン収納ケース・引出式

2017年 09月 20日

衣替えが楽にできる収納

洗面所にある、床から天井までの造り付けの棚が、我が家では大活躍です。

毎回お風呂上がりに使うタオルは、家族みんなが取りやすい場所に。上の段にある無印良品の「ポリエステル綿麻混・ソフトボックス」には、家族それぞれの季節外の肌着とパジャマを収納しています。急に寒くなっても、パジャマなどの衣替えも楽にできるようにしています。

ポリエステル綿麻混・ソフトボックス

TNKさん

TNK

18

好きなのは、無駄のないデザインと実用的な機能。

大阪在住の主婦になって13年目です。日々、暮らしやすい家を目指して、心を込めて知恵と工夫を働かせています(笑)。中学生の頃、近所の西友に無印良品があり、シンプルでカッコいいのに安い！　と衝撃を受けました。特に文房具は、時代を問わずずっと使えるデザインに加え、高い品質なのでずっと愛用しています。

家族構成

夫、私、長男10歳、長女3歳

住まい

築10年の一戸建て

▶ 無印良品の好きなところ

無駄のないデザインで実用的。どんなインテリアにもなじむところが好きです。

▶ これから欲しいもの

調理器具。

Instagram user name

「tnk.02」

https://www.instagram.com/tnk.02/

▶ 2016年 11月 16日

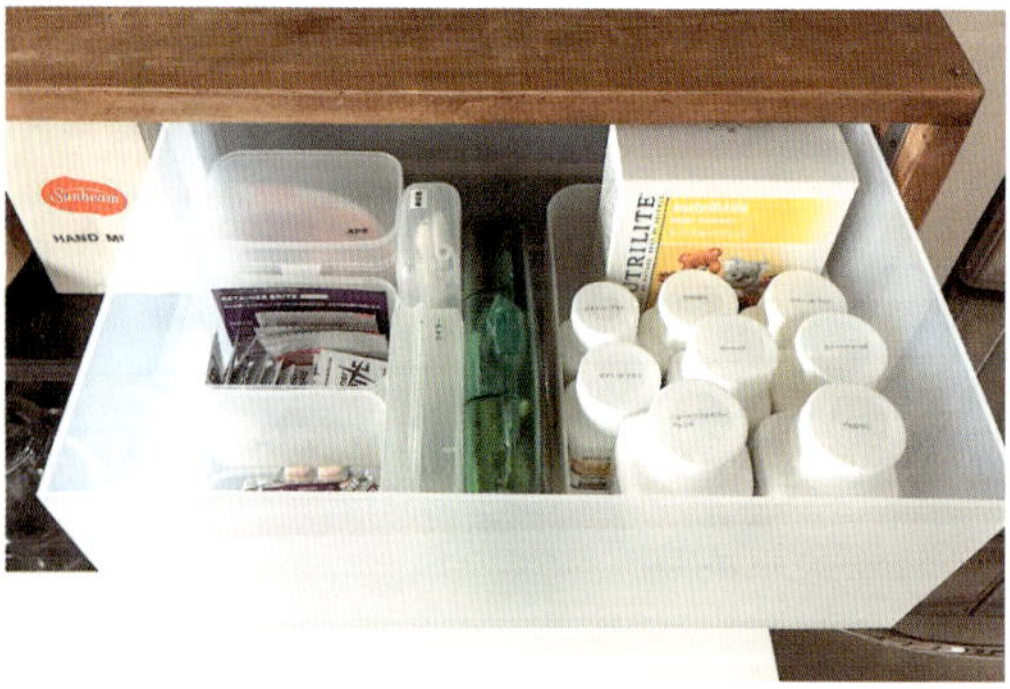

ポリプロピレンメイクボックス、ポリプロピレン整理ボックス

薬も取り出しやすく

常備薬とサプリメントが入った引き出し。収納ケースを変えて、あまり使わないものはふた付きケースに入れたまま。よく使うものは、ケースのふたを外しました。取り出すときのアクションを少しでも減らしたい。

娘のとびひがなかなか治りません。もうかれこれ1カ月以上。昨日は皮膚科で新たに飲み薬を追加してもらいました。これで治るといいな。

▶ 2017年 03月 08日

ストッカーの目隠しをDIY

ポリプロピレンストッカーキャスター付

以前ポリプロピレンストッカーの目隠しを作りましたが、少しだけ歪んでいたのが気になり、作り直しました。ついでに仕切りも作り、収納を整えました。

目隠しは、100均で売っている半透明のPPシート引き出しの正面の形に合わせて切、両面テープで貼り付けました。1段目の引き出しは箱ティッシュの色味が強いので、3枚貼り重ねています（それ以外の引き出しは全て2枚重ね）。

▶ 2017年 03月 19日

子どものゲーム機入れに

18-8ステンレスワイヤーバスケット

「ステンレスワイヤーバスケット」に、子どものゲーム関係のものを収納しました。手持ちのラベルを付けました。

本当なら、小4の息子もかんたんな英語は理解できるし、見た目にもカッコよく英語で「GAME」としたいところ。でも、「家族みんなが心地よく暮らせること」を目指しているので、最近字に興味を持ち始めた2歳の娘のためにも、あえてカタカナで。

右のバスケットにはゲーム機本体を収納しています。

2017年 05月 15日

男前インテリア

ステンレスユニットシェルフを組み合わせて、リビングの収納を作りました。色味も統一して、男前の雰囲気です。

ユニットシェルフは、種類の違うケースを組み合わせて使ってもラインがそろってすっきり見えるところが気に入っています。

ステンレスユニットシェルフ、ステンレスユニットシェルフ・ステンレス追加用ワイヤーバスケット、硬質パルプボックス・引出式

2017年 07月 31日

献立帳に使いやすいノート

ウィークリータイプのスケジュールノートを、晩ごはんの献立帳にしました。今日は、おろしチキンカツ。

先日多めにこしらえて冷凍していたもの。チキンカツがよく登場しますが、給料前なので、そんなの関係ありませぬ!!(笑)

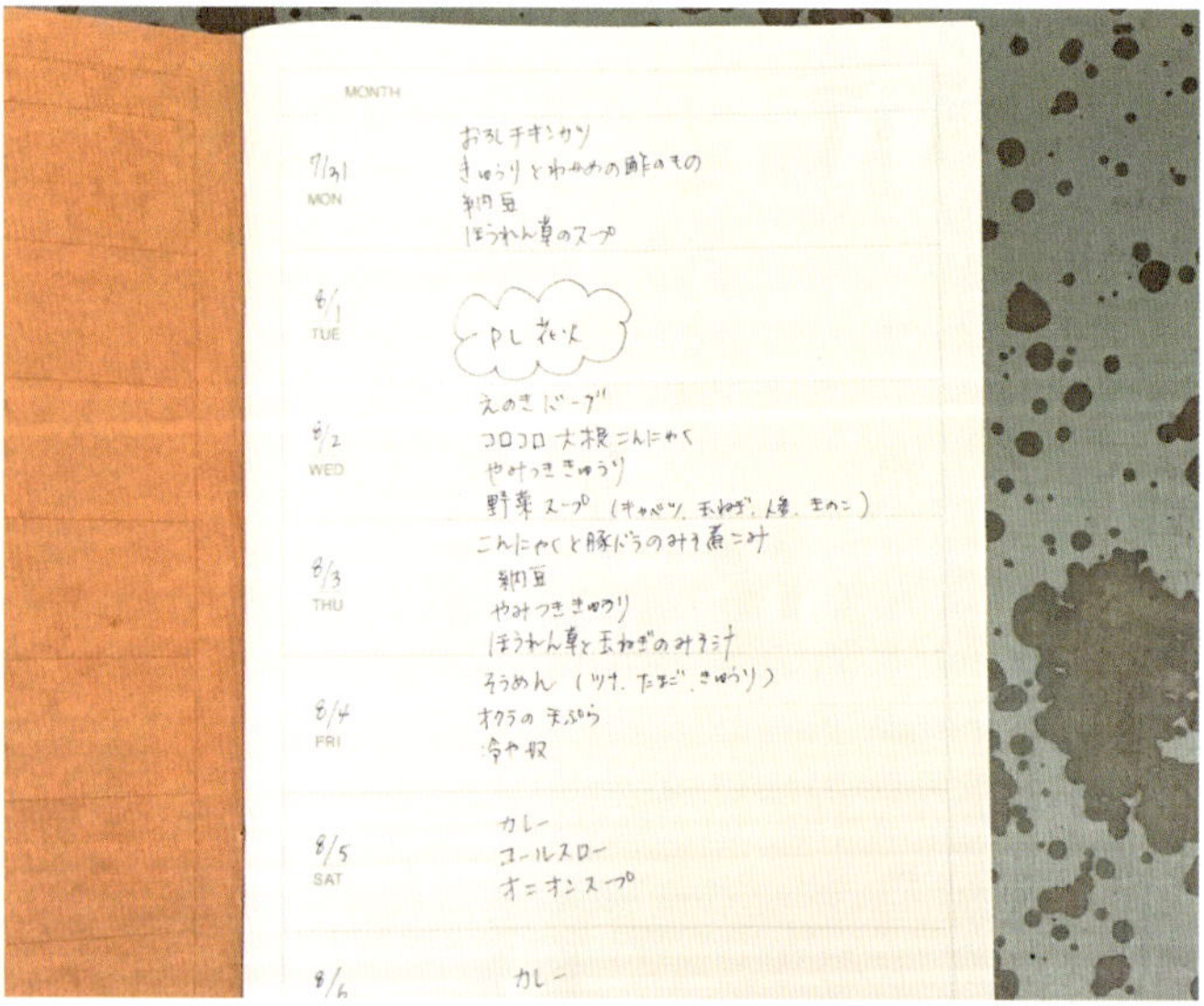

再生紙ノート・ウィークリー

2017年 08月 19日

竹串の意外な収納法

今日の晩ごはんはねぎま！（笑）竹串の収納法は、ペンケースに入れています。サイズもぴったり。取り出しやすいです。たくさんの方が真似してくださって、とてもうれしいです。

ポリプロピレン
ペンケース（横型）

2017年 11月 17日

DVDを探しやすく

PPシートで作ったインデックスで、子ども用DVD収納が完成しました！ 1 ここもずっと放置しながらモヤモヤしてたから、すごい達成感！ だったら早くしろってね！

PPシートをディスクのスリーブに合わせて切り、見出し部分に「あ」「か」などのシールをはるだけ。あとは、ディスクの分類ごとに間に差し込みます。

テレビ台の収納は、中身が見えないホワイトグレーの収納ケースで統一 2 。色味をそろえたことですっきりしました。

まだまだ、モヤモヤゾーンがいっぱいある我が家。今年中にあと何箇所解決できるかなー。

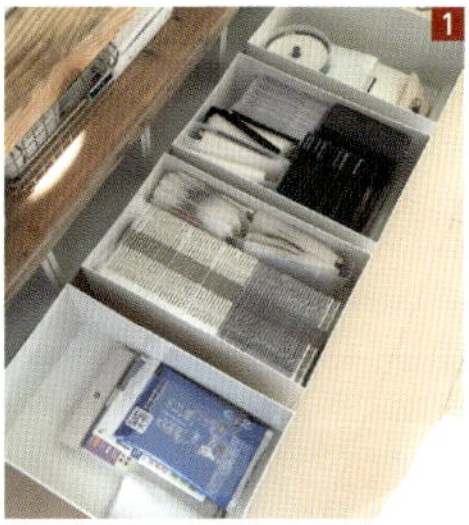

1

2

ポリプロピレンケース・引出式

saoriさん

saori

19

ずっと愛用できるアイテムが見付かる。

埼玉県在住、職業は建築関係です。20代。婚約者と2人暮らし。片付けが苦手な男性でもストレスなくきれいを維持できる収納と、ワンアクションでストレスレスな時短収納を心掛けています。1人暮らしをしてから初めて購入した家具が無印良品のスタッキングシェルフでした。引っ越しても置き方や組み合わせを使いやすく変えていけるので、長く愛用しています。

家族構成
婚約者、自分

住まい
築30年の2DK賃貸アパート

▶無印良品の好きなところ
商品の寸法が統一されていて多くのアイテムに互換性があるため、組み合わせて使用できるところ（棚に収納ケースがぴったり収まるなど）。

▶これから欲しいもの
冷蔵庫内を整理するための収納アイテム。

Instagram user name
「saori.612」
https://www.instagram.com/saori.612/

▶2017年 05月 03日

デスク周りをコンパクトに

ギックリ腰がだいぶ回復したので、ゴールデンウィークは朝から掃除でした。パソコンデスク周辺の収納を見直し。彼の作業スペースなので、片付けすぎてストレスにならないよう、使いやすさ重視です。

大きなゴミ箱とティッシュケースは断捨離し、シンプルかつコンパクトにまとめました。明日はどこかお出かけしたいなー。

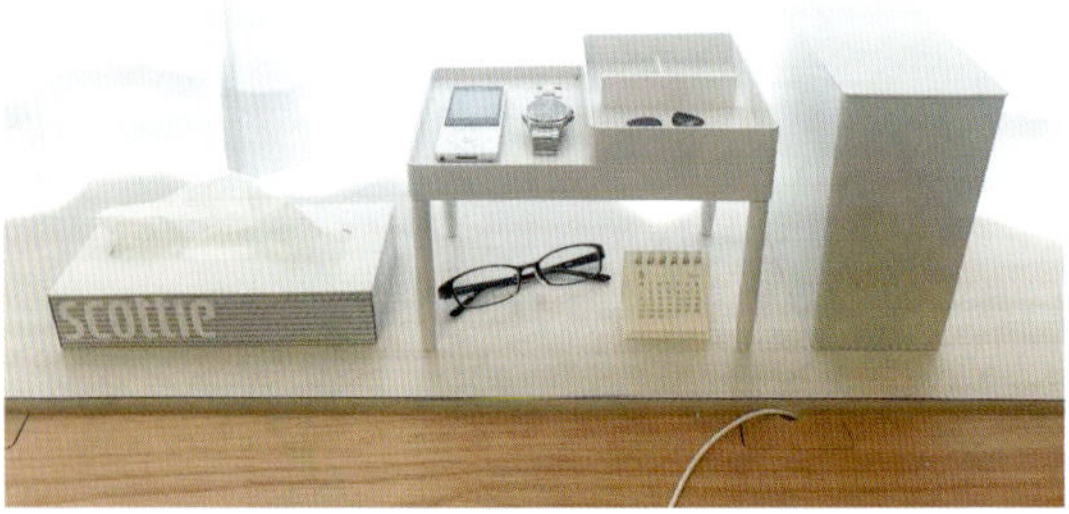

ポリプロピレンごみ箱・角型、ABS樹脂　デスクトップ収納

▶ 2017年 09月 02日

カバンの中がゴチャゴチャにならない

無印良品のクリアポーチで中身も整理整頓1。中がひと目で……わかるため、整理整頓が苦手な彼も使用しています。

男子がポーチ？　と思いましたが、通勤カバンの中を定期的にチェックしないとすぐゴチャゴチャになるのでまとめました2。透明なら探すときに楽かなーと。

ビニールなので汚れたら水拭きできて、お子様の荷物整理にもおすすめです。

1

2

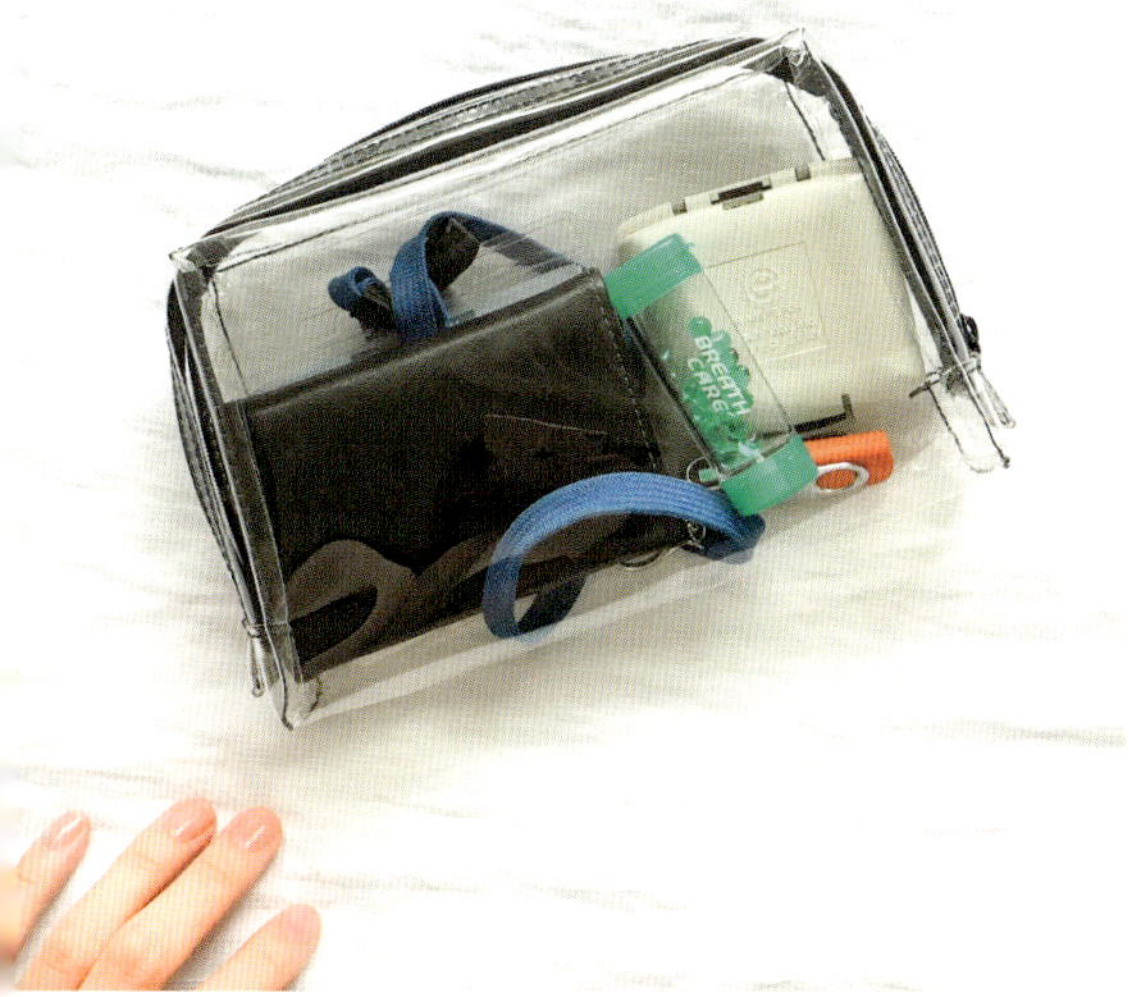

TPUクリアケース

▶ 2017年 09月 28日

着心地のよいパジャマ

やっと秋冬のパジャマを出しました。無印良品のものは着心地がよくて好きです。GUのもかわいくて気になる……。

脇に縫い目のない二重ガーゼパジャマ（色や柄は変更になる可能性があります）

▶ 2017年 10月 20日

取り出しやすさを優先して

洗濯ネットやタオルの収納。洗面所は、突っぱり棒を付けて棚代わりにしています。2段目のバスケットの中に、下着や洗濯ネット、ティッシュなど、こまごましたものを入れています。出し入れしやすいよう、余計な収納グッズは使わずざっくり入れてます。正面からは中身が見えません。

彼が引き出しを閉めてくれれば収納で悩まずに済むのですが、変わりません。毎日注意するのもストレスなので、片付けられない人が生活しやすい部屋作りを目指して、お互いに楽しく暮らすことにしています。

重なるブリ材長方形バスケット

▶ 2017年 10月 28日

サニタリー収納

トイレ収納。サニタリーの収納ケースが、「壁に付けられる家具」にぴったり。

本来はウェットティッシュケースなのですが、無印良品の家具と相性のいいケースをずっと探していました。フリマアプリで安く買うことができました。

収納のないトイレでは、「壁に付けられる家具」が大活躍です。

壁に付けられる家具

2017年 10月 29日

戻す必要のない収納に

フリーザーバッグの収納。ファイルボックス用ポケットに、未使用と使用済みに分けて入れています。何度か洗って繰り返し使うので（笑）。右が使用済み、左が未使用。

シンク下の扉を開けると、上からすっと取り出せます。出し入れしやすくなり、すっきりしました。ケースに入れないと定位置に戻す必要がないので、彼が使った後でも散乱しません。

扉を開けるとすぐ手前にあるので、いちいち「ジップロックどこー？」と聞かれることもなくなりました。見た目が美しい収納も素敵ですが、家族みんなが使いやすい収納が理想です。

ポリプロピレンファイルボックス用・ポケット、ペンポケット

2017年 11月 19日

ワンアクションで使える

ファイルボックスハーフとペンポケットの使い方。写真には写っていませんが、かごにサイズがぴったりだったので、メイクとスキンケアの収納に使用しました。

テーブルの下に置き、毎日ここでスキンケアとメイクをしています。忙しい朝は全てワンアクションで出し入れできて、汚れたら水洗いできるので便利です。よく使うハサミやティッシュ、爪切りも一緒に入れています。

ポリプロピレンファイルボックス・スタンダードタイプ・1／2、ポリプロピレンファイルボックス用・ポケット、ペンポケット、仕切付ポケット

plus9さん 20
plus nine

シンプルなデザインと色味が好き。

埼玉県在住。30代後半の会社員です。「MUJI × UR」のリノベーション団地で暮らしています。自分の好みに合わせるために、家具の半分ほどはDIYしています。シンプルを心掛けていますが、極端に生活感のない部屋やミニマリストは目指していません。生活自体をシンプルに、がコンセプト。無印良品のアイテムでは、1人暮らしを始めた当時、家電3点セットと脚付マットレスのお世話になりました。今も変わらずお世話になっています。

家族構成
1人暮らし

住まい
「MUJI × UR」のリノベーション団地　1LDK

▶ 無印良品の好きなところ
何といってもシンプルなデザインと色味です。モジュールが統一されているので、組み合わせて使いやすいところもいいです。

▶ これから欲しいもの
「人をダメにするソファ」、じゃなかった、「体にフィットするソファ」は気になります。

➡ Instagram user name
「plus9_life」
https://www.instagram.com/plus9_life/

▶ 2017年 01月 24日

ポリプロピレン収納ケース・引出式

クローゼットをリメイク

クローゼットを少しリメイク。自分で撮った写真をプリントして、カットしてPPケースにディスプレイ。モノトーンに統一されて、なかなかよい感じ。

トタンボックス・フタ式

キッチンをDIYでアレンジ

キッチンはほぼ落ち着いたかなー。フライパンと包丁ぶら下げてみたかった。壁はパンチングボードで。収納が全くない持ち出しキッチンは、自作のオープン棚で開放感をキープ。トタンボックスの存在感がよいアクセント。濃い色によく合う。

ポリプロピレン収納ケース・引出式

寝室の様子

寝室に床材を敷きました。前からやりたかったモルタル調。まるで違う部屋。

無印良品の麻畳はとても感触がよいけれど、一面真っ白の内装に合わせて、モルタル調のクッションフロアに変更しました。普通の賃貸では、なかなかお目にかかれない雰囲気。

ちびかおさん 21
CHIBIKAO

無印良品に行けば何かある、という安心感。

千葉県在住。広告代理店で制作アシスタントをしています。30歳。「時間の余裕は心の余裕」がモットー。片付ける時間や探し物をする時間が少なくなれば、その分生活を楽しむ時間が増えていきます。そのためにも常に動線を意識するようにし、取り出しやすく、片付けやすい収納を目指しています。働きながらでもすっきりしたおうちにするために、モノを持ちすぎない暮らしを心掛けています。

家族構成
自分、娘6歳

住まい
2DKの賃貸マンション

▶ 無印良品の好きなところ
「こんなアイテムが欲しかった」というかゆいところに手が届く商品があること。シンプルなデザインが多いので、どんな家、場所にも合わせやすいところ。多種多様なアイテムがある安心感など。

▶ これから欲しいもの
ファイルボックスのふた、フライパンスタンド、キャスター付きの米びつなどがあるとうれしいです。

➡ Instagram user name
「___K___319」
https://www.instagram.com/___K___319/

➡ 「white room」
http://blog.livedoor.jp/hiiyan319/

▶ 2017年 05月 27日

もしものために……

頑丈ボックス 大の中には、二次避難用のものを入れてます！

- 水（500㎖×12本）
- 非常食（スープ類・米類・缶詰・カンパン・えいようかん）
- 新聞紙
- レジャーシート
- ゴミ袋
- 箱ティッシュ
- ラップ
- 紙コップ
- トイレットペーパー
- ランタン
- マウスウォッシュ
- バスタオル など

ランタンを移動しました。レジャーシートやゴミ袋は、リュックに入れたほうがいいのかな？ でもリュックはもうパンパン……。

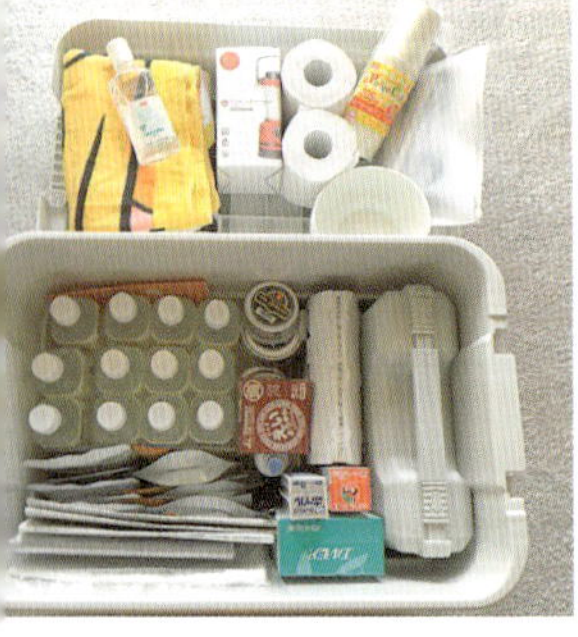

ポリプロピレン頑丈収納ボックス

中身が見えて使いやすい

久々のキッチン収納。無印良品の「EVAケース」に、ふりかけを収納しました！

新聞紙は生ゴミを包んだり、ゴミ袋の目隠しとして使用したり、キッチンで使うことが多いので、ここに収納してます。

EVAケース・ファスナー付、ポリプロピレンファイルボックス・スタンダードタイプ・ワイド

持ち運びやすくして

収納キャリーボックスに家計簿セットを収納しました☆
ここに入れているのは、バインダーではなくスケジュール帳。こちらに日々の支出を記入しています。「づんの家計簿」みたいに、日付順にバインダーにどんどん書いていくのもありかなー？と最近悩み中。

ポリプロピレン収納キャリーボックス・ワイド、電卓

namytoneさん 22

namytone

見て、使って テンションが 上がるアイテム。

九州在住の消防士。30代前半です。ご機嫌はマナー。「置いて楽しい、見てテンションが上がるお気に入りのもの」に囲まれて、自分のご機嫌とりを。働き女子は忙しい！　帰宅後ゆっくりするために、外出前にリセットしています。中学生の頃に、ファミリーマートの無印良品コーナーで知ったのが初めて。ベッド、冷蔵庫、チェストは、1人暮らしをスタートし始めた9年前からの長い付き合いです。

家族構成

1人暮らし　9年目

住まい

1LDKの賃貸、築11年

▶無印良品の好きなところ

見て、使ってテンションが上がる。シンプルで飽きない。大好きなナチュラルブラウンや白系のものが多いので、ほかにない統一感が出せる。

▶これから欲しいもの

現在も無印良品の冷蔵庫を使用していますが、容量が小さいので、そろそろ新しい冷蔵庫270Lを検討中。

Instagram user name
「namytone」
https://www.instagram.com/namytone/

▶2017年 03月 22日

ステンレスひっかけるワイヤークリップ

万能クリップを使って

無印良品の洗濯ネットは、「ひっかけるワイヤークリップ」で収納しました!!　突っ張り棒で隙間を有効活用です。

ファイルボックスには、アルミ製の洗濯物干しを収納。ハンガー類もアルミ製とポリプロピレン製の無印良品で統一。

ペットボトルは断水対策（トイレ用）。1人暮らしなので防災意識は高めに……。

2017年 09月 04日

せまい玄関に収納スペースを

玄関を扉側から撮影。仕事に行く前に……。明日は祖母とデートのため、勤務明けで地元へ帰省。誕生日をお祝いします。地魚料理屋さんを予約しました。

玄関の収納には「壁に付けられる家具」シリーズを愛用。鍵なども使いやすく掛けられるので重宝しています。

壁に付けられる家具

2017年 09月 15日

スマホの充電スペース

模様替えをして、スマホの充電器を3mのものにしました。コードがからまないタイプ（？）のものです。壁に付けられる家具で、こんな感じで収めつつ。写真には写っていませんが、

ずーっと長年愛用している無印良品のミラー。基本はノチュラルメイクなのですが、あちこちカバーしたい大人女子はこのミラーを使ってがんばります（笑）。今となってはメイクの必需品です。

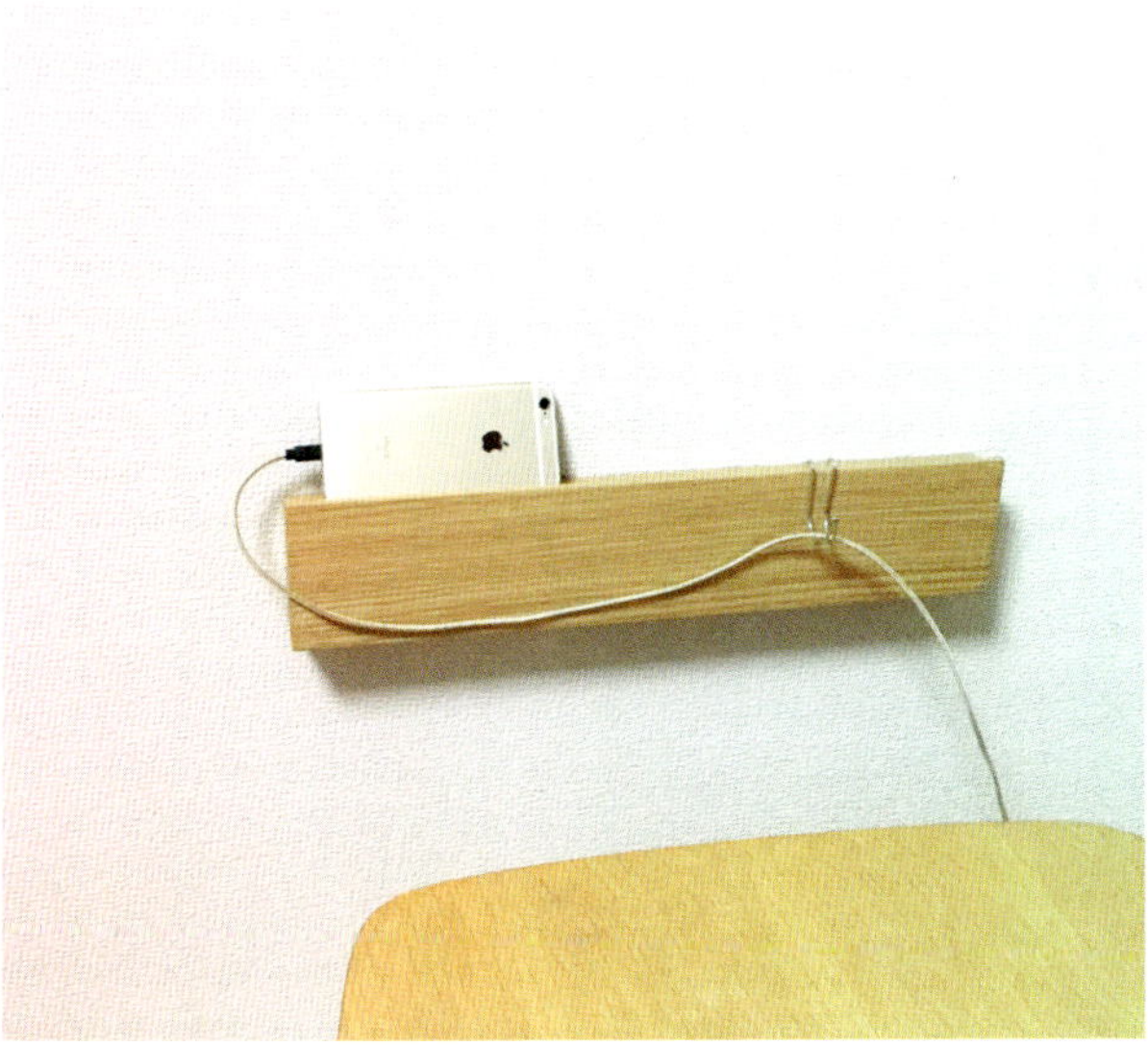

壁に付けられる家具

miyoさん 23

miyo

部屋になじんで、失敗のないアイテム。

東京都在住の30代主婦。賃貸の小さなアパートに夫と暮らしています。家でお菓子を食べながら本を読んだり、インテリアのことを考えたりするのが至福のひととき。医療事務のパートのかたわら、昨年、整理収納アドバイザーの資格を取得しました。ちらかす天才の私が、がんばらなくてもそこそこきれいに片付けられるようになったのは、無印良品のアイテムのおかげだと思っています。

家族構成
夫、自分

住まい
築2年の1LDK賃貸アパート

▶ 無印良品の好きなところ
シンプルなデザインで使い勝手がよく、インテリアにもなじむ。特に収納グッズは、家具に合うよう計算して作られているので、失敗がないのもポイントです。

▶ これから欲しいもの
体にフィットするソファ、TVボード

Instagram user name
「miyo_344」
https://www.instagram.com/miyo_344/

「1LDK小さな暮らし」
https://ameblo.jp/miyo-miyo-344/

▶ 2017年 04月 30日

壁に付けられる家具、アクリルペンスタンド

水回りに使えるアルミポケット

先日購入した、「壁に付けられる家具」のアルミポケットタイプ。商品説明に水回りにもOKと書いてあったので、洗面所用に購入。メイク道具を収納しています。

昔からあまりメイクが得意ではなくて、最低限しか持っていません。こまごましたものをまとめられるように、アクリルペンスタンドを2個入れました。アルミポケットにぴったりのサイズです。

▶ 2017年 05月 10日

安定して使えるバッグ掛けに

ネクタイ・スカーフ用のアルミハンガー。よく使うバッグを掛けて使うことにしました。S字フックだと安定しないのですが、これは引っ掛ける部分が回るので、使いやすいです。クローゼット収納にも使えそう。

アルミハンガー・ネクタイ／スカーフ用

▶ 2017年 08月 30日

壁を活用して玄関を広く使う

先日、「壁に付けられる家具」のフックを購入しました。傘をこのフックに引っ掛けて収納することにしたので、傘立てがなくなり、玄関が少し広くなった気がします。

ただ、濡れた傘を引っ掛けると壁紙によくないから、貼ってはがせるシートを壁に貼ろうかな。靴箱の上もごちゃごちゃしていたので、少しすっきりさせました。

かごにはハンカチとティッシュ、トレーにはメガネやキーケースなどを置いています。

壁に付けられる家具、ラタンボックス取っ手付・スタッカブル

勝谷ゆみさん 24

Yumi Katsuya

飽きのこない、暖かみのあるデザインが好き。

大阪市在住。整理収納アドバイザーをしています。40代。モノと心を軽くすることで、いろんなゆとりが生まれた我が家。「整理収納」がもたらす好循環をたくさんの方に知っていただきたく、日々情報発信をしています。学生時代に無印良品の文房具が好きになりました。レターセットなどを意味もなく持ち歩いていたり(笑)。新婚生活にも、もちろん無印良品のグッズを選びました。

家族構成

夫、自分、長男14歳、次男9歳、長女3歳

住まい

2SLDKの賃貸マンション、築13年

▶ 無印良品の好きなところ

飽きのこないシンプルで暖かみのあるデザインが好きです。

▶ これから欲しいもの

娘と一緒に、無印良品さんの服でテイストをそろえて、おしゃれを楽しみたいです。

➡ Instagram user name
「ie_gocochi」
https://www.instagram.com/ie_gocochi/

➡ 「IE-GOCOCHI～いえごこち～」
https://ameblo.jp/miyukiabuno/

▶ 2017年 05月 02日

アクリル小物ラック

スマホの定位置

長男と私のスマホの充電は、大体リビングの造作棚の上。コンセント付近に無造作に置いていましたが、「アクリル小物ラック」で定位置を決めてみたら何だかすっきり!!

ほどよい傾斜で出し入れもスムーズ♪

モバイルバッテリーの収納場所もこれで決まりです。

2017年 06月 19日

ラタンバスケットで生活感を見せない

キッチンのワゴン収納では、トレー収納と一緒に無印良品のラタンバスケットを上下段に置いて使っています。

上段には調味料と油のストック、エプロンを。下段にはゴミ袋をセット、資源ゴミ入れとして。

重なるラタン長方形バスケット

2017年 09月 16日

大好きなラタンバスケット

ダイニングカウンター。以前から無印良品のラタンバスケットが好き……。というか、やっぱりかご類が好きなので、ついつい増えてしまう収納アイテムです。

ラタンバスケットにはコーヒーアイテムを入れて、アクリル仕切棚で空間を有効活用しています。

重なるラタン長方形ボックス、アクリル仕切棚

蜜柑さん 25

mikan

どこでも使えるシンプルさ。

築40年ほどの家をリフォームして住んでいます。居心地のよいおうちを目指して、シンプルな暮らし、掃除のしやすい家、家族みんながわかりやすくしまいやすい収納を作っていけたらとがんばっているところです。無印良品で最初の大きな買い物はソファでした。店舗で店員さんに相談して我が家にやってきました。とても親身に相談にのってもらって、アイテムだけでなく、スタッフさんも素敵だなと思います。

家族構成

夫30代、自分30代、長男16歳、長女7歳

住まい

築42年の一戸建て

▶ 無印良品の好きなところ

シンプルなので、見えるところに置いてもよし、クローゼットなどの中の収納に使ってもよしで、色んな場所で使えるところです。

▶ これから欲しいもの

今一番欲しいものは150cmほどのコタツです。ダイニングテーブルを置いていないため、大きなコタツが発売されないかな〜と思っています。

Instagram user name
「asukan2121」
https://www.instagram.com/asukan2121/

▶ 2017年 03月 04日

クローゼット収納の見直し

クローゼット収納を少し見直しました。思い出のもの、旦那と私のものは「バンカーズボックス」に収納。1人1箱ずつで、あふれたら見直すようにしています。

ソフトボックスには帽子やスリッパなど、私が学校の行事などで使うためのものを収納。ファイルボックスには、ストックや季節の飾り物などが入っています。もう少し見直してラベリングしたいと思います。下段の頑丈収納ボックスや、ポリプロピレンケースには災害用品を。

本当にもったいないのは、使わないこと。まだ詰め込んだだけなので、使うもの、使わないものに分けて、使わないものは断捨離し、今度からはちゃんと考えて買うようにしたいと思います。

ポリエステル綿麻混・ソフトボックス、ポリプロピレンファイルボックス・スタンダードタイプ、ポリプロピレン頑丈収納ボックス、ポリプロピレンケース・引出式、掃除用品システム・フローリングモップ、掃除用品システム・アルミ伸縮式ポール

▶ 2017年 07月 18日

ケーブル類は分けて収納

今日はテレビ台下の収納を見直しました。

未使用のDVDやブルーレイも、無印良品のDVDホルダーに入れ替えたらすっきりしました。ケーブル類は「EVAケース」に。ラベリングをして完了です。

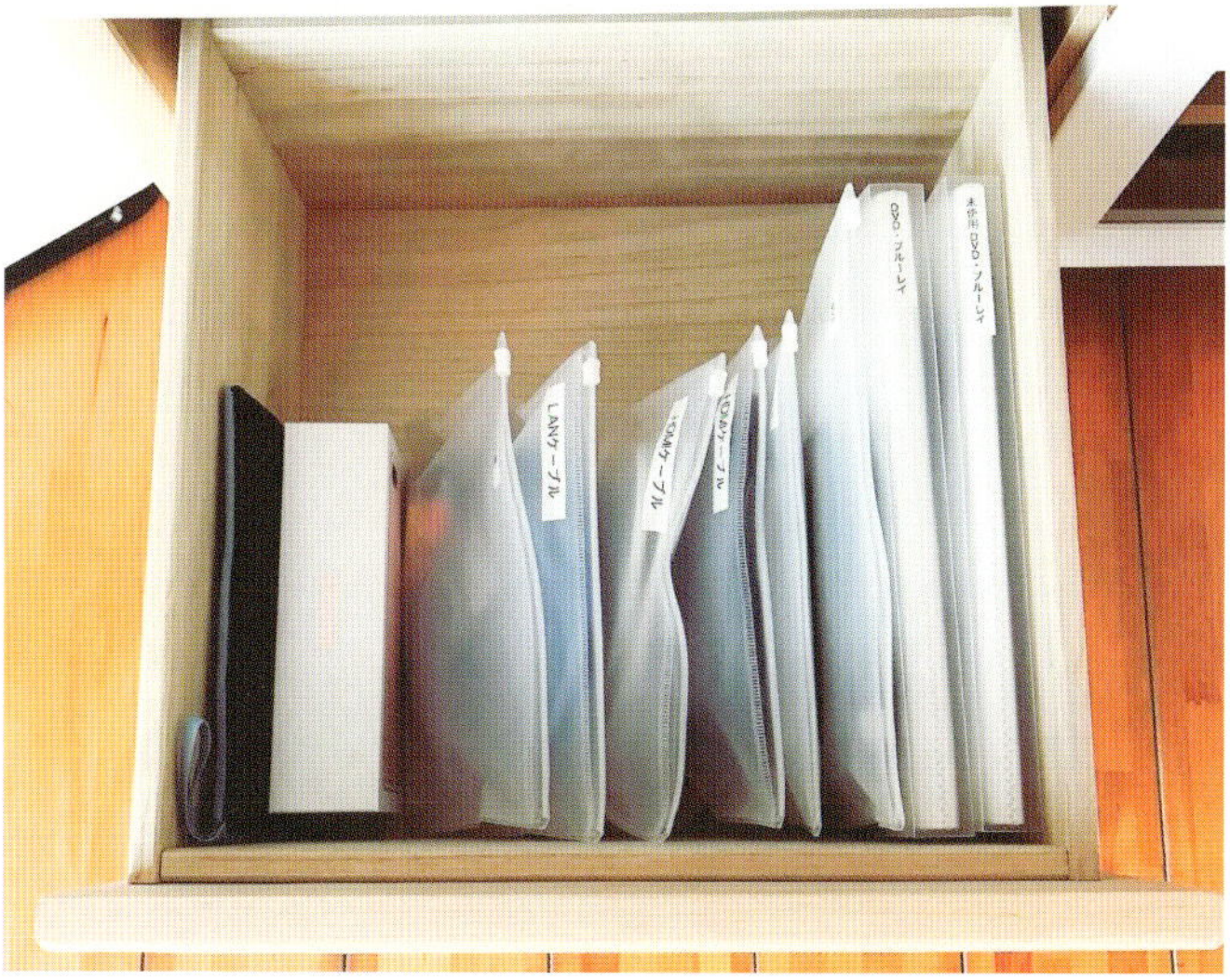

ポリプロピレンCD・DVDホルダー・2段、EVAケース・ファスナー付

▶ 2017年 08月 22日

リモコンを引き出しに収納

ただ今旦那の部屋を片付け中……。さすが無印良品。スタッキングチェストに、ポリプロピレンデスク内整理トレーがぴったり。これでリモコンがごちゃごちゃになることはないでしょう……。多分。

最近は各部屋の収納を見直して、モノの定位置を決めていってます。家族の誰にとってもわかりやすい収納を目指しています。そのためにはモノを適量にすることも大事ですね。少しずつ見直して、収納家具も減らしたいと思っています。

1
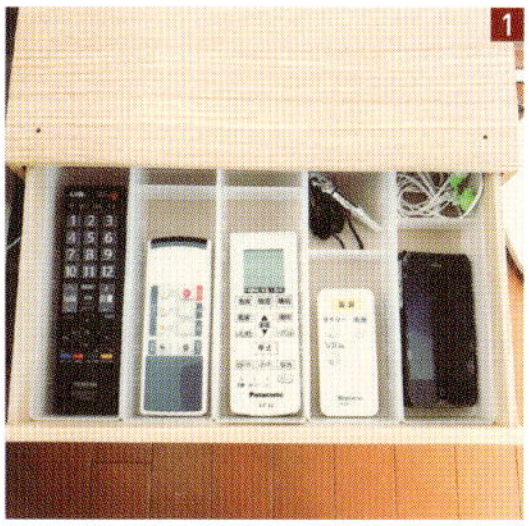

2

スタッキングチェスト、ポリプロピレンデスク内整理トレー

misaさん 26

misa

シンプルさと使いやすさにひかれて。

兵庫県在住、30代の主婦です。できるだけシンプルに、すっきりとした暮らしを目指しています。そのためにひと目でわかりやすいようにラベリングし、詰め込みすぎない収納を心掛けてモノの定位置を決め、「使ったら元の場所に片付ける」ということを習慣付けるようにしています。Instagramで色んな方のポストを見ていて、無印良品を使っている方が多くて気になりました。お店に行って実際にアイテムを手にしてみて、シンプルなデザインと使いやすそうなところにひかれたのが、無印良品と出会ったきっかけです。

家族構成

夫と自分の2人暮らし

住まい

4LDKの一戸建て

▶ 無印良品の好きなところ

シンプルで飽きのこなさそうなデザインが使いやすく、また品質もいいので安心して使えるところが好きです。

▶ これから欲しいもの

木製角型トレー、ポリプロピレンファイルボックス・スタンダードタイプ・1/2。

Instagram user name

「mini___33」

https://www.instagram.com/mini___33/

▶ 2017年 04月 07日

重なるアクリル仕切付スタンド・ハーフ

オイルボトルにぴったりサイズ

「重なるアクリル仕切付スタンド・ハーフ」をオイルボトル入れとして使っています。このままキッチン下に収納しています。収納する際に、ぴったりなサイズのものに出会えると、なんだかうれしい♡ そして、気持ちがいいですねー。

隙間を活用して

我が家のせまいせまーい洗面所です。洗面台と洗濯機の間に棚を置きたくて、色々探したけど……15㎝幅の棚は見付からず。それなら、とその隙間を利用してみることにしました。

洗濯機の左側には、ダイソーのランチトートバッグに洗濯用ネットを入れて、無印良品のフックに掛けてみました1。右側にはタオルハンガーにバスマットを掛けてみました2。これで少しは使いやすく、すっきり見えるようになったかなぁ。

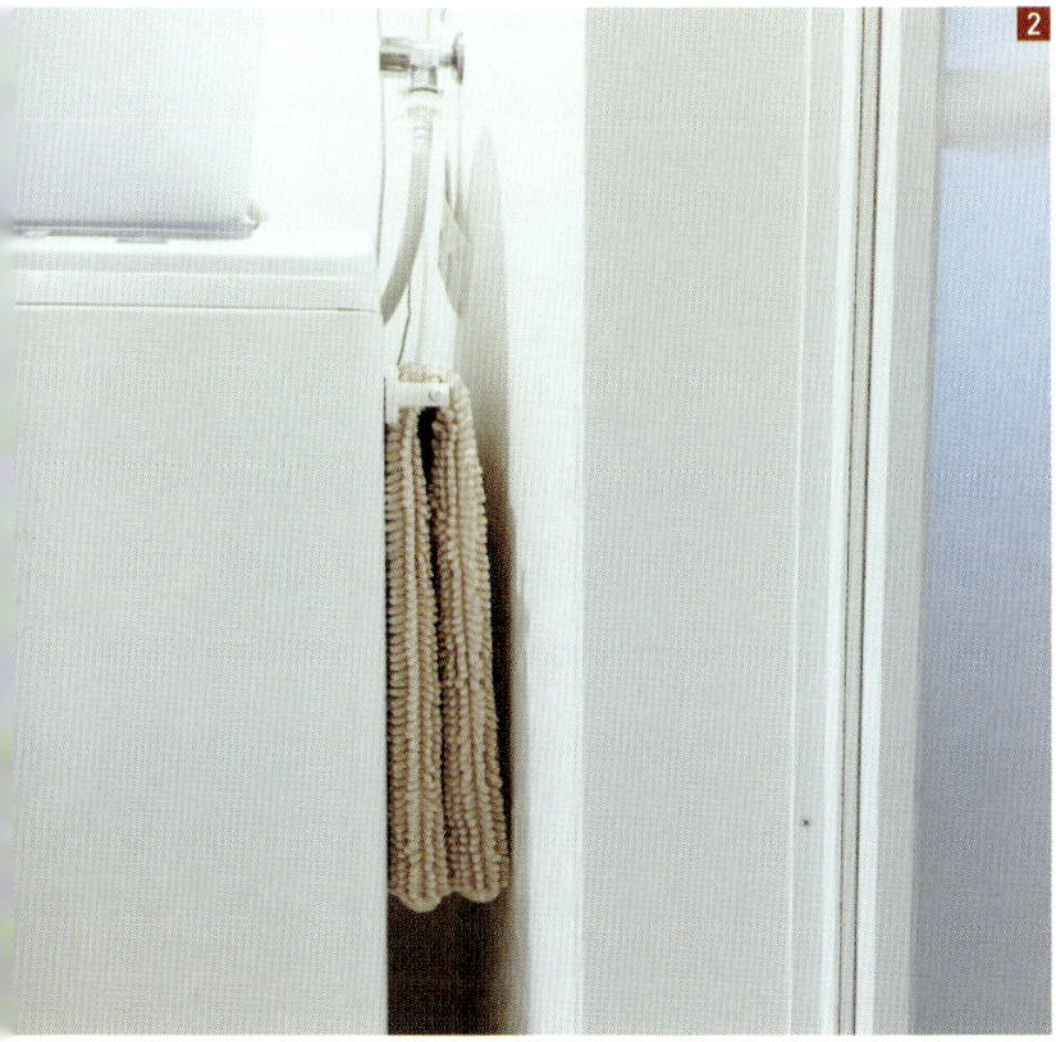

アルミフック・マグネットタイプ、アルミタオルハンガー・マグネットタイプ

カードボックスで薬を整理

ポリプロピレンカードボックスを薬の収納として使ってみました。今まで輪ゴムでまとめていただけで、使いたいときに取りにくかったり、輪ゴムが切れたりするのがプチストレスでした。

ケースに入れたら使いやすくなったかな~。小さいことだけど、プチストレス解消です♡

薬はIKEAの引き出しボックスに入れて、リビングダイニングにある収納棚に置いています。

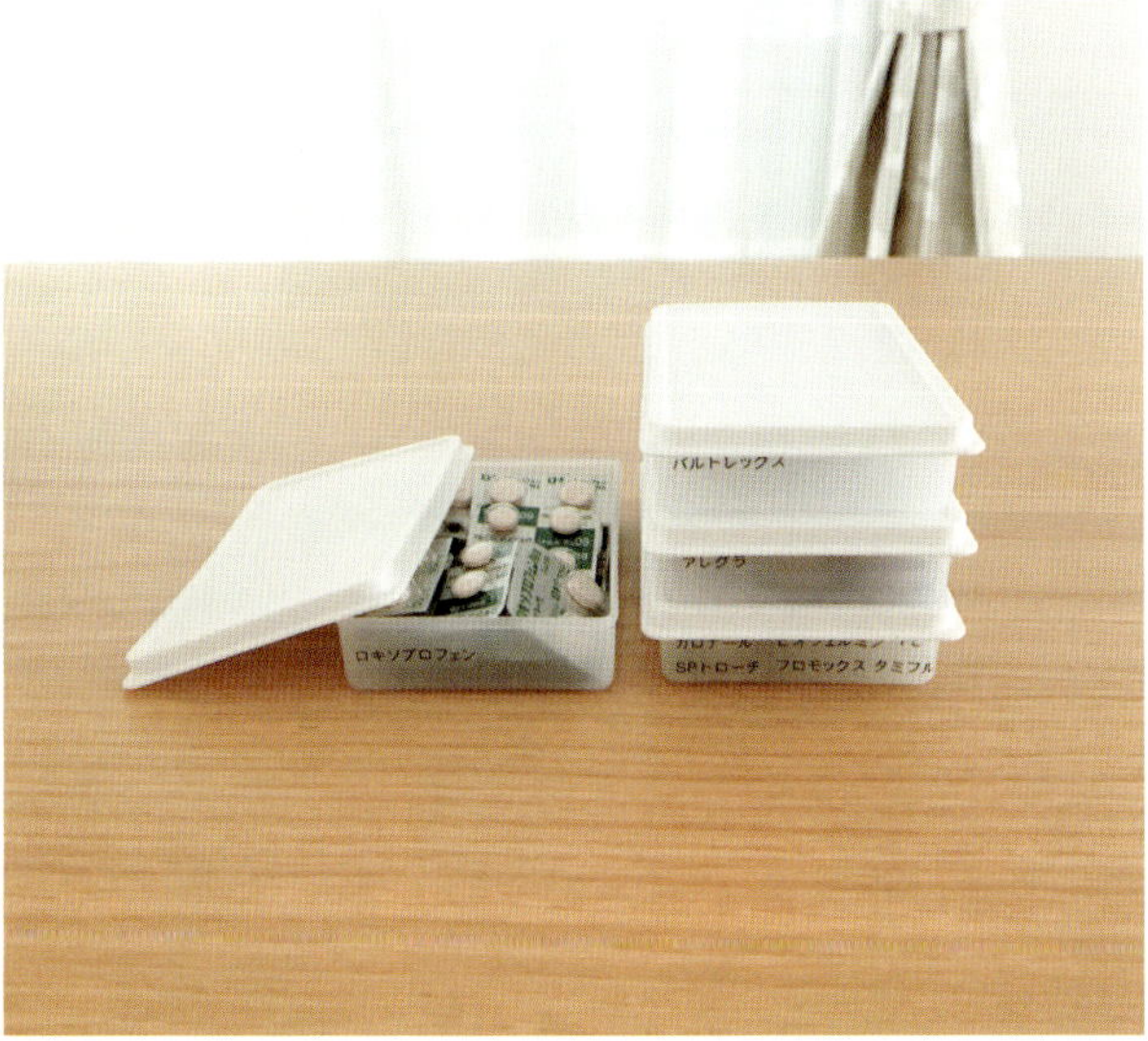

ポリプロピレンカードボックス

tanoyoungさん 27

tanoyoung

生活感を丸ごと受け入れてくれるもの。

手のかかる男児2人の子育て真っ最中。40代目前の僕と妻には、「おしゃれな部屋作り」や「持たない暮らし」なんて到底無理——。そんな我が家の隠しきれない生活感を丸ごと受け入れてくれるのが無印良品。その懐の深さに感謝する日々を送っています。特にユニットシェルフの柔軟な収納力にはかなり助けられています。かっちりし過ぎない、親子が一緒にくつろげる暮らし方を模索中です。

家族構成
自分、妻、長男8歳、次男5歳

住まい
3LDKの賃貸マンション（築4年）

▶無印良品の好きなところ
出しゃばっていないところ。それぞれの家庭のそれぞれの生活になじんでしまうところ。

▶これから欲しいもの
ノック式0.38mmのゲルインキボールペン。

Instagram user name
「tanoyoung」
https://www.instagram.com/tanoyoung/

▶2017年 06月 06日

もうプリント類が迷子にならない

学校から配られるプリント類は迷子になりがち。ランドセルの奥底から、変わり果てた姿で発見されることもしばしば。

今までは棚の上に無造作に置いていた運用を、書類整理トレーで仕分けできるように改善しました。これで提出期限のあるものなど、重要な書類が埋もれてしまう心配もありません。

ランドセルラック代わりに使っているユニットシェルフと奥行きがぴったりなので見た目もすっきりです。

MDF書類整理トレー、スチールユニットシェルフ

▶ 2017年 10月 04日

ごみ箱なのに小物入れにぴったり

洗面台の収納に「ポリプロピレンごみ箱 角型 ミニ」。

先日買ったごみ箱3つに、無造作に置いていたシェーバーの充電ケーブルとかアタッチメントとかブラシとか潤滑油とか……諸々を入れたらすっきりしました。

「洗面台の鏡の裏のせまい収納用小物入れ」としておすすめ！

ポリプロピレンごみ箱・角型・ミニ

▶ 2017年 12月 08日

ユニットシェルフをカスタマイズ

キッチン収納に使用しているユニットシェルフを、古くなって処分した食器棚のスペース分だけ拡張。

今までぎゅうぎゅうに詰めて置いていた電子レンジと炊飯器がゆったり置けるようになりました。

視線が抜けて印象もだいぶ明るくなり、我が家のキッチンが見事に生まれ変わりました。

スチールユニットシェルフ

28
fumiさん
fumi

とにかく、シンプルなデザインが好き。

滋賀県在住、30代パート主婦。長男誕生のタイミングで新築し、7年目になる我が家。インテリアやDIYは好きですが、掃除はできればしたくないずぼら主婦（笑）。でも、部屋がちらかるのはイライラするので、リビングやダイニングは掃除しやすいように極力モノを置かず、すっきりした空間を心掛けています。たくさんある子ども達のおもちゃをいかにすっきり収納できるか、試行錯誤の毎日です。

家族構成
夫、自分、長男6歳、長女3歳

住まい
築6年の一戸建て、4LDK

▶無印良品の好きなところ
デザインがシンプルで、場所を選ばず、どんなインテリアにもなじむところ。使い回しがきくところ。とにかくシンプルなデザインが好きです。ロングセラーなものが多く、リピート買いできて、数年後でも同じものがそろえられるところも。

▶これから欲しいもの
来年長男が小学生になるので、リビング学習用に「無垢材デスク（引出付）オーク材」、ベッドサイドに「コンパクトスチールワゴン」。

Instagram user name
「fumiie_23」
https://www.instagram.com/fumiie_23/

▶2016年 08月 28日

ゴミ箱はフックで引っ掛けて

我が家のせまい洗面・脱衣所。ゴミ箱すら置きたくないけれど、この場所にゴミ箱がないのはかなり不便なので、ゴミ箱はタオルバーに引っ掛け方式。

床に置かない＝掃除が楽&子どものいたずら防止、になっています。ゴミ箱は、無印良品のS字フックを使って、タオルバーに吊り下げています。

ステンレス横ブレしにくいS字フック、18-8ステンレスワイヤーバスケット、壁に付けられる家具

2016年 09月 25日

誰が見てもわかるように

押入れ収納の一番左は、子ども達の衣類を入れています。
トップスは全てハンガーに。洗濯して乾いたら、そのまま扉を開けてラックに引っ掛けるだけ。ボトムスや靴下などは、下の無印良品の引き出しへ。

子ども達や夫、お義母さんなど、私以外で子ども達の着替えに携わってくれる人が、何がどこにしまってあるかパッと見たらわかるように、引き出しにはラベリングしています。

ポリプロピレン収納ケース引出式・横ワイド、重なるブリ材長方形バスケット

2017年 06月 10日

肌触りのよいベッドリネン

梅雨らしくない、さわやかな天気。シーツや掛け布団カバーは、無印良品のオーガニックコットンの洗いざらしのもの。肌触りもよくて寝心地良好。ベッドとマットレスも無印良品。セミダブル2つにしました
今日は仕事を休んで、息子の保育参加＆スイミングの参観です。

ベッドフレーム、スプリングマットレス、オーガニックコットン洗いざらしボックスシーツ、オーガニックコットン洗いざらし掛ふとんカバー

keikoさん 29
keiko

暮らしにずっと寄り添ってくれるものばかり。

兵庫県在住、30代の主婦です。子育てのかたわら、プリザーブドフラワーやドライフラワーのアレンジメントをオーダーで制作し、ネットショップで販売しています。自宅のダイニングキッチンでのプリザーブドフラワー教室開講を目標に準備中です。シンプルだけど暖かみのある空間にしたいな、と日々暮らしのなかで楽しみながら、インテリアや収納を試行錯誤しているところです。

家族構成
夫、自分、長男2歳

住まい
築1年の一戸建て

▶ 無印良品の好きなところ
シンプルで洗練されたデザインなので、どんなインテリアにも合うところが好きです。飽き性でインテリアの好みもコロコロと変わってきましたが、無印良品のアイテムはずっと暮らしに寄り添ってくれて、長く大切に使えるものが多いと思います。

▶ これから欲しいもの
楕円コタツ。フラットヒーターで従来のコタツのようなでっぱりがなく、すっきりとしていて、年間を通して使えるデザインが素敵で気になっています。

Instagram user name
「mont_prese」
https://www.instagram.com/mont_prese/
「flower_mont」
https://www.instagram.com/flower_mont/

▶ 2017年 02月 05日

子どもが自分で準備ができるように

スイッチニッチの下には、無印良品の3連ハンガー。息子がよくフックをカチカチしにきます(笑)。自分でお出かけの準備ができるようになるといいな、と思ってこの位置にしました。
この3連ハンガーの上にはポストカードやCDが置けるので、キッチンで流しているCDを置いたりしています。

壁に付けられる家具

2017年 08月 06日

ポリプロピレンファイルボックス・スタンダードタイプ・1／2

収納熱が上がった新商品

キッチン下収納。無印良品の店舗をうろうろしてたら、ファイルボックスのハーフサイズが新発売。使いやすそうなサイズで、スタッキングもできるとのこと。いくつか欲しかったのですが、ラストひとつ。

とりあえずキッチン下の収納に……。鍋のふたや玉子焼き器の収納に使ってみたら、出し入れしやすくなりました。パントリーの収納も見直したい……。久しぶりに収納熱が上がりました。

2017年 09月 11日

アクリル小物ラック

すぐ使えるメイク収納

今日は片付けスイッチが少し入ったので、メイク用品の見直し。アクリル小物ラックに。

メイクボックスが欲しかったのですが……、ファスナーの開け閉めすら面倒と思ってしまうタイプなので、こちらの収納にしてみました。

取り出しやすくて、なかなか使いやすいです。下地とファンデーションはふたを外して、すぐ使えるようにしています。メイクスポンジはダイソーの使い捨てのものを下の段にセット。

COLUMN

みんなの「無印良品」ベストアイテム

シンプルでさまざまなシーンで使いやすい無印良品のアイテム。
みなさんに特にお気に入りのアイテムを教えていただきました。

※掲載している情報は2018年2月15日現在のものです。変更になる可能性がありますので、ご了承ください。価格は全て税込みです。

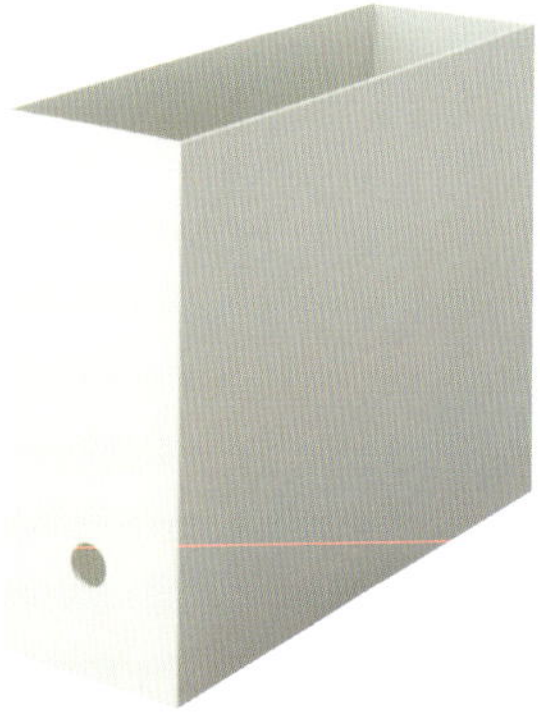

ポリプロピレンファイルボックス・スタンダードタイプ・A4用・ホワイトグレー　690円

1位

ポリプロピレンファイルボックス

書類の整理はもちろん、キッチングッズの収納や洗剤のストック収納にも使える万能アイテム。空間を有効活用できて、すっきりした見た目になります。1／2サイズや引っ掛けて使うポケットアイテムも充実しているので、使い方は無限大。買い足しやすさもポイントです。

kanaさん
キッチン収納、洗面台下の収納、書類収納と家中どこでも使えて、インテリアになじむ。

namytoneさん
用途が幅広くて、とにかく大活躍。値段もお手頃で、1／2サイズは積み重ねも可能で、一緒に使えるポケットシリーズもあり、使い勝手も◎。見た目も抜群。

miyoさん
我が家のいたるところで使っている収納グッズです。縦にしても横にしても使えるので、使い勝手がよいです。

勝谷ゆみさん
落ち着いた色、垂直で無駄のないシンプルな形（デザイン）、どんな場所やインテリアにも活用できる幅広さは、万能すぎて不動の1位です。丈夫で手軽に洗えるところも気に入っています。

mujikkoさん
1／2サイズは、ノーマルのものより使い勝手よし！　値段も手頃でそろえやすいです。空間の隅まで無駄なく使えて、奥行きのある棚の整理にぴったりでした！

wacoさん
書類の整理だけでなく、キッチンなどのこまごましたものの整理にも便利。吊り戸棚の中など、高い場所の空間を有効活用することができる。

MIさん
無印良品で収納を考えるとき、必ず候補に入れているものです。中身が不ぞろいなものでも、すっきりした印象になるので気に入っています。

みほさん
見た目が好きです。使い勝手もとてもよくて、一番買い足ししているアイテムです。

2位

ポリプロピレン収納ケース・引出式
ポリプロピレンケース・引出式

ポリプロピレン収納ケース引出式横ワイド・深　2,200円

今や収納に欠かせないアイテムとなった、ポリプロピレン製の収納アイテム。なかでも、使いやすい引き出し式が人気を集めました。サイズ展開やバリエーションが豊富で、住まいや暮らしに合わせて組み合わせられる便利さが人気の理由。

kanaさん
引き出し収納は使いやすく、同シリーズでケースを重ねたり専用のキャスターを付けたりすることで移動もできる。

miyoさん
一般的によく売られている引き出しは、奥行きが長いものが多いため、奥に入れたものを取るときにその分たくさん引き出さなくてはいけません。横ワイドタイプは奥行きが短く、幅が広いので、中に入っているものが見渡せて、どこに何があるのか一目瞭然。

ちびかおさん
奥行きがある場所では空間を余すことなく収納でき、引き出せば奥のものまで楽に取り出せる点も使いやすいポイントです。

keikoさん
半透明で、何が入っているかわかるタイプも、すっきり隠せるホワイトグレーも両方好きで、場所や用途に合わせて使い分けています。ホワイトグレーの商品も増えてきたので、これからもっと選択肢が増えたらうれしいな、と思っています。

meguさん
大人用のウォークインクローゼットでは、横ワイド（幅55cm）タイプを使っています。子ども用は奥行きが同じで幅34cmのタイプを使っていますが、服の増減に合わせて買い足したり、ほかに使い回したり、我が家の各所で大活躍しています。

まどなおさん
大きさのバリエーションが豊富で、入れたいものや置きたいスペースに合わせて選べます。我が家でも、家中のあちこちで使っています。

Miyokoさん
幅、高さ、仕切り付きなどサイズが色々あり、収納するものや場所によって使い勝手のよい組み合わせで使用できるところが気に入っています。引き出し部分は全部引き出せるので、引き出しだけでも持ち運べて便利です。

▶ こんなアイテムも

wacoさん
「冷蔵庫用米保存容器」

シンプルで使いやすい。計量カップがふたになっていて、機能的。立てても横にしても収納できるのも便利。

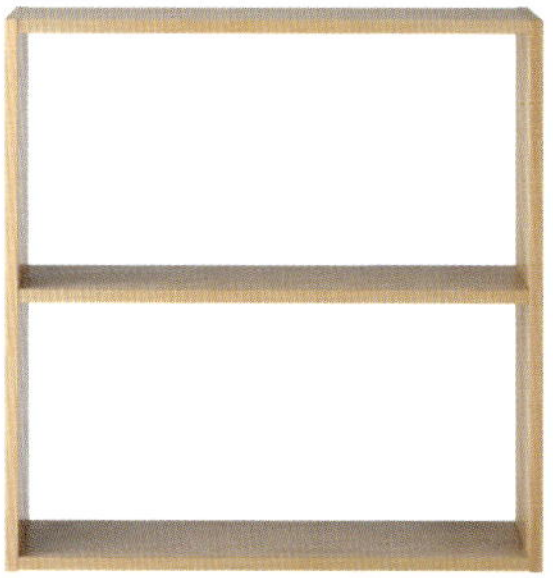

スタッキングシェルフ・ワイド・2段・オーク材　17,000円

3位

スタッキングシェルフ

本棚や飾り棚としてだけでなく、部屋の間仕切り用の棚としても使えるシェルフ。追加セットを組み合わせられるので、部屋や使い勝手、用途に合わせて、横にも縦にも広げることができます。

まどなおさん
我が家の子ども部屋の顔ともいえる存在で、これを導入してから、おもちゃ収納が劇的に使いやすくなりました。収納したいものに合わせて、形を変えてフレキシブルに使えるところがいいです。子どもの成長やライフスタイルに合わせて長く使えます。

tanoyoungさん
コンセプトはユニットシェルフに似ていますが、「見せる収納」ならこちら。

fumiさん
子どもの成長やライフスタイルに合わせて、使い方や置き場所を変えて長く使えるのが◎。ぴったりサイズの収納ボックスも豊富で、見た目もすっきりして使いやすいです。

18-8ステンレスワイヤーバスケット1　1,700円

4位

18-8ステンレス ワイヤーバスケット

さびにくいステンレス製で、すっきりした清潔感のあるビジュアルが◎。持ち手を内側に収めることで、スタッキングすることもできます。

やまぐちせいこさん
素材がステンレスですので、さびにくく、水場などでも使え、使う場所を選びません。耐久性の面でも、大事に使えば一生物として使えます。中身が見え、何が入っているかも把握しやすい。生活用品を何も考えず放り込んでも、ステンレスという素材で「何だかカッコよくまとまる」という効果も期待できます。

ぱんくまさん
武骨なデザインですが、意外と部屋になじみやすく、引き出し整理にも重宝しています。引き出しにバスケットを入れて。

kao.さん
ステンレスの見た目がスタイリッシュ。洗濯室、脱衣室、トイレや収納内など色んな場所で使っています。

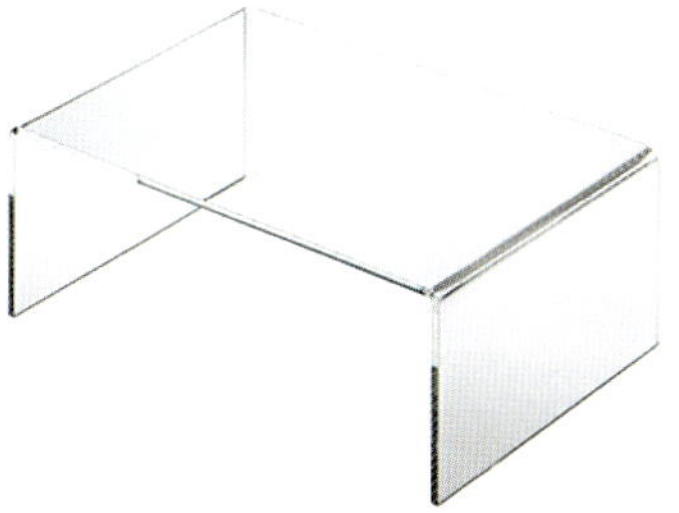

アクリル仕切棚　約幅26×奥行17.5×高さ10cm　590円

5位

アクリル仕切棚

吊り戸棚やシンク下収納など、悩ましい高さのある空間の活用に力を発揮するアイテム。クリアなアクリル素材なので圧迫感が出ません。高さが2種類あるので、収納するものや場所に合わせて選んで。

Miyokoさん
高さのある収納スペースにプラス収納が追加できるので、とても気に入っています。透明なので使用場所を選ばず、キッチンの食器収納やサニタリーのタオル収納などさまざまな場所に使用できて便利です。

ぱんくまさん
シンプルなデザインの収納グッズですが、食器収納で大活躍しています。食器やキッチン用品が取り出しやすくなり、棚の縦スペースを有効活用できるようになりました。

saoriさん
使いにくいキッチンの吊り戸棚やシンク下、コンロ下の食器、鍋、フライパンの収納に大活躍しています。

ポリプロピレンデスク内整理トレー1　100円

6位

ポリプロピレン デスク内整理トレー

4種類のサイズを組み合わせて使える整理アイテム。別売りの差し込み式の仕切板を使って、使い方に合わせてトレー内を区切ることができます。家中の引き出し内の整理に活躍します。

wacoさん
引き出しの中を細かく仕切って小さなものに指定席を与えることができ、使い勝手がいい。仕切りを追加購入できるのも便利。

蜜柑さん
大きさも場所によって選べて、仕切りも収納するものによって自由に区切れます。

▶ こんなアイテムも

なべみさん
「インスタント食品」
ご飯にかけるだけ、お湯をそそぐだけで手軽に用意できるものを中心に、非常用も兼ねていくつかストックしています。

7位

壁に付けられる家具

壁に付けられる家具・棚・幅44cm・オーク材　2,500円

石膏ボードの壁にかんたんに取り付けることができて、傷も付きにくいなんとも便利なアイテムです。棚やフック、箱、ミラーなど種類が豊富。壁面を有効活用できるので、せまい場所でも収納スペースを確保できます。

やまぐちせいこさん
転勤族なので引越しが多く、「ここに、ちょっとしたものを置きたい！」というときの強い味方。

namytoneさん
かんたんに取り付けられるし、見た目は作り付けの飾り棚のようになるので本当に優れもの。

saoriさん
収納のないトイレに設置し、ペーパーや掃除グッズ、サニタリーをひとつにまとめて収納できるため。

▶ こんなアイテムも

emiさん「文房具」
乱雑に置いてあっても気にならない見た目、色。色がうるさくないので、卓上も引き出しもすっきり見える。

8位

ステンレスユニットシェルフ

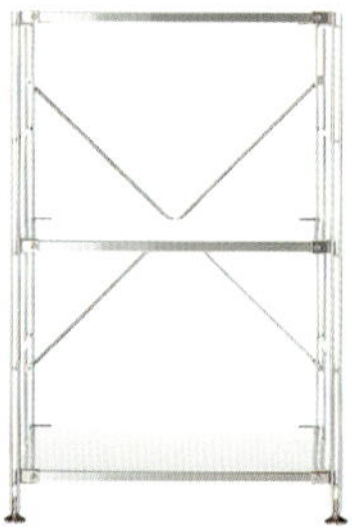

ステンレスユニットシェルフ・ステンレス棚セット・小
幅58×奥行41×高さ83cm　16,000円

ひとつひとつのパーツが選べる、まるでオーダーメイド家具のように、部屋に合わせて作ることができます。棚板はオーク材やウォールナット材も選べるので、シンプルでも暖かみのある雰囲気に。

あゆみさん
現在はキッチンで食器棚として使用しています。無印良品の収納用品はサイズもデザインも合うようにできているので、使いやすく統一しやすい。

tanoyoungさん
利便性、多様性、順応性に優れ、我が家の収納には欠かせないアイテム。これをおいて無印良品は語れません。

TNKさん
無駄のないデザインで、どんなインテリアにもなじむところがいい。

keikoさん
生活が変化したときには組み替えて家中どこでも使えたり、パーツを追加して収納力もアップできるのが魅力的だと思います。

9位

体にフィットするソファ

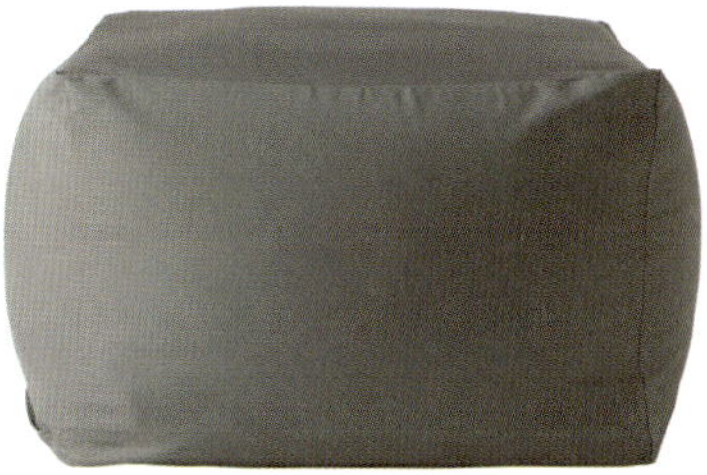

体にフィットするソファ・本体　12,600円、体にフィットするソファカバー（グレーベージュ）　3,150円

微粒子ビーズのやわらかい座り心地で、自由に変形してどんな姿勢にもフィットしてくれるソファ。横置きと縦置きで違う座り方が楽しめて、リラックスタイムの相棒に。

keikoさん
リビングを広く使うために使用しています。家族全員で取り合いになります。

gomarimomoさん
我が家はイスのない床生活。これがないと生きていけないと断言できるほど溺愛しています。

▶ こんなアイテムも

plus9さん
「トタンボックス」
これ自体が優れたデザインでありながら、周囲にもうまく調和してくれるところが気に入っています。

10位

ポリエステル綿麻混・ソフトボックス

ポリエステル綿麻混・ソフトボックス・L　1,500円

布製なので、使わないときはコンパクトに折り畳むことができます。内側がコーティングされていて、汚れてもさっと拭き取り可能。サイズも豊富で用途に合わせて選べます。

みほさん
とても軽くて扱いやすいけど、形崩れしない優秀なボックスです。

fumiさん
軽くて丈夫なので、子どものおもちゃ入れや、クローゼットの収納でも大活躍。洗面脱衣所では、スタッキングシェルフと組み合わせて使っています。

▶ こんなアイテムも

mayuさん
「ポリプロピレンフタが選べるダストボックス」
シンプルな見た目で、生活感の出やすいものなのにすっきり。別売りのふたは縦開き用と横開き用があります。

オンラインメディア
「みんなの暮らし日記ONLINE」
やってます！

『みんなの朝食日記』『みんなの家しごと日記』『みんなの持たない暮らし日記』『みんなのお弁当暮らし日記』……大人気シリーズ「みんなの日記」が、ウェブサイトになりました！

家事、暮らしを大切に、きちんと丁寧に、そしてシンプルに楽しみたい人を応援したい！というコンセプトで料理や掃除・片付けなどの家事上手で話題の、人気インスタグラマー、ブロガーさんによる記事を多数掲載。

毎日の家事を楽に楽しくする実用的な情報に、モチベーションがアップする、ちょっとした共感ストーリーをプラスしてお届けしています。

ぜひご覧ください！

翔泳社　みんなの暮らし日記ONLINE編集部

スマホでも！

https://minna-no-kurashi.jp/

みんなの暮らし日記ONLINE　検索

PCでも！

掲載商品のお問い合わせ先
無印良品　池袋西武　☎03-3989-1171
無印良品　有楽町　☎03-5208-8241

※本書に記載された情報は、2018年2月15日現在のものです。情報、URL等は予告なく変更される場合があります。
※本書の出版にあたっては正確な記述につとめましたが、著者や出版社などのいずれも、本書の内容に対してなんらかの保証をするものではありません。
※本書に記載されている会社名、商品名はそれぞれ各社の商標および登録商標です。

装丁デザイン	米倉 英弘（細山田デザイン事務所）
DTP制作	杉江 耕平
編集	山田 文恵

みんなの「無印良品」日記
人気アイテムでつくる、心地よい衣食住のアイデア。

2018年2月15日　初版第1刷発行

著者　みんなの日記編集部
発行人　佐々木 幹夫
発行所　株式会社 翔泳社（http://www.shoeisha.co.jp）
印刷・製本　株式会社 加藤文明社印刷所

ISBN 978-4-7981-5362-9　Printed in Japan